県会議員拉致事件

—昭和 熊本の仰天政争—

県会議員拉致事件　—目次—

凡例

・資料、引用で現代文に改めた部分がある。
・旧地名は可能な限り現地名を付けた。
・物価を考慮し、当時の1円は現在の3000円に換算した。
・引用、参考にした資料は可能な限り文中で明示したが、煩雑さを避けるため一部割愛、参考文献、引用資料、取材協力者とともに末尾に記載した。
・敬称は一部略した。

プロローグ

昭和の初め、日本国内の各県知事は時の政権が任命する官選知事だった。政権が代われば、知事もこれに合わせて交代する。この人事異動は軋轢を生んだ。政権与党と県議会の多数与党が連動していれば問題ないが、与野党勢力が逆転していたら県政の執行はままならぬ。困難は目に見えている。法案を通すため、知事部局と県政与党は必死の議会対策を続けた。ありとあらゆる権謀術策が繰り広げられ、「権力」にものを言わせて多くは成功した。それだけではない、知事の意向を忖度した警察組織は選挙に干渉、政党の機関紙となった新聞報道は一方に偏り、相手を攻撃した。それらは地方だけではなく、国政でも似たような権力闘争となって現れた。民主主義が未熟だった時代である。

そんな時代の1929（昭和4）年、熊本県の県会議員が政敵から拉致され、行方不明となる事件があった。与野党逆転を目論んで議会内の勢力争いが暴走したものだが、その底流にあったのは、まぎれもなく政権抗争の縮図である。こうした事態が相次ぐことに国民はあきれ、不況も重なって次第に正義を求める「昭和維新」の掛け声が大きくなった。大陸侵攻と世界的不況、その行き着くところが議会の機能停止、治安の維持の名を借りた言論弾圧、軍部の台頭、最後は先の第二次世界大戦につながった。ロシアのウクライナ侵略、香港、ミャンマーの民主勢力の抑え込み、そして国際的景気の変動。世界で起きている現実とどこか似ている。歴史は繰り返す。

第1章　事件発生

「冠省　小生の身辺危険に付き
当分出席不可能の深谷《しんこく》（註1）に落入り候
宮原百拜《ひゃくはい》（註2）」

註1　底の深い谷
註2　幾度も礼拝、相手に敬意を表す

昭和4年の12月11日午後。熊本市山崎町の立憲政友会熊本県支部（以下、「政友会」）に一通のハガキが舞い込んだ。差出人は球磨郡選出の県会議員・宮原武馬氏。

政友会は大騒ぎになった。

「宮原議員が行方不明になった」

「行方不明ではない、どこかに監禁されている」

県議会は既に始まっているのに、宮原議員は前日の10日も欠席。11日も姿を見せなかった。文面はいかにも慌ただしく「身辺に危険があって議会への出席ができない」と書きなぐっているようだ。

こうして、熊本では前代未聞の「県会議員拉致事件」が明るみに出た。政友会の機関紙「九州新聞（日刊）」は13日付で大々的にこの事実を報じた。宮原議員から届いたハガキを写真で付け、見出しが躍っている。一つの記事に6本も付けて不法をなじった。

熊本民政派の悪辣《あくらつ》不法
宮原議員を拉致監禁
警察当局も知っていた形跡歴然
身辺危険と悲痛な訴え来る
熊本県会空前の大怪事

早くも政敵・立憲民政党熊本県支部（以下、「民政党」）を名指しし、加えて事件の核心となる次のような見出しを付けた。

県参事会選挙に勝算なき窮余の暴挙

まるで予期したような事態である。

この時、宮原氏は40歳。球磨郡久米村（現多良木町久米）の村会議員から県会議員へ転身して2期目。政友会に所属し、ようやく熊本県政の実情が分かったころである。とにかく政争が激しい。油断も隙もならぬ政治家の日々が続く。

大正、昭和の時代、熊本では政党機関紙的な新聞として発行されていた民政党の九州日日新聞と政友会の九州新聞が火花を散らし、政治的な問題は自分たちの有利なように報道していた。だから、この県議拉致事件の大々的な報道も現代の視点から「公平性」を求めることは少し距離を置いた方がよさそうだ。それぞれの主張は割り引いて読み込むことが必要だ。

しかし、事件は現実に起きた。

宮原氏が拉致されたのは師走の10日。県議会は9日の休会明けから再開2日目を迎え、緊張が続いていた。休会前の5日、県議会は議場乱入事件があって大混乱となり、やっと再会したばかりだった。宮原氏は前日に自宅の久米村から熊本市に来ていた。山崎町の政友会を定宿に、「そろそろ県議会へ」と身支度していた午前8時半過ぎ、電話があった。政友会の熊本支部は今の熊本放送の西側、病院の隣付近にあった。

「宮原君に話しておきたいことがある。家に来られないか」

かけてきたのはかつての恩師・遠藤萬三氏（明治6〈1873〉年生まれ）。遠藤氏は新潟県生まれで、札幌農学校出身（現北海道大学）。明治36（1903）年に開校した熊本県立熊本農業学校（現熊本農高）球磨分校に教師として赴任。2年後に「球磨農業学校」（現県立南稜高校＝あさぎり町）に改称した際、初代の「校長心得」として農校発展の基礎を作った人である。南稜高校の正門近くには今も遠藤氏の記念碑があるほどの功績があった。

宮原氏は青年時代ここに在学、球磨農校の第3回卒業生だ。在学中は成績優秀で遠藤氏から特に目をかけられ、卒業後も就職などで世話を受けた人である。実は前日に久米村の自宅の家人に「会いたい」との電話があっていたので、その旨は聞いていた。遠藤氏の話ならと丸ごと受け止めて出掛けた。

宮原武馬氏（宮原貴志氏提供）

この電話から拉致事件が幕開けした。

遠藤氏は熊本市東部の水前寺公園裏、かつて動物園があった所に自宅を構えていた。熊本市は師走とあっても九州山脈の裾野が広がる久米村ほどの寒さはなく、この日、朝の最低気温は7・5度、晴れだった。8時40分過ぎにタクシーを呼んで山崎町から駆け付けた。

遠藤氏は言った。

「参事会選挙で県議会の雲行きがおかしい。多数派工作が激しくなっている。君も工作の対象になっているというではないか。連中は何をするか分からない。十分に気を付けたがいい」

「この1カ月ほど身辺が慌ただしいことは理解しています。ご忠告ありがとうございました。行動には留意します」

県立南稜高校の玄関前に建つ遠藤萬三氏の記念碑（あさぎり町）

政権交代で与野党逆転

この時の日本の総理大臣は民政党の浜口雄幸《おさち》。前年の中国東北部（旧満州）であった張作霖爆殺事件の処理を巡って辞任した政友会の田中義一首相から交代した。民政党熊本支部長は安達謙蔵氏（元治元〈1864〉年生まれ）で、内務大臣に就任していた。政権交代があった直後の7月に熊本県知事も斎藤宗宣《むねのり》氏（明治14〈1881〉年生まれ）から大森吉五郎氏（明治16〈1883年〉生まれ）に代わった。政権が代われば当然のように知事も交代する。国政政党の意のままに地方政権を動かす企業組織のようなものである。大森知事は岡山県出身で、京都帝国大学卒、愛媛、神奈川県の警察部長や熊本県の内部部長を歴任。民政党寄りとされ、熊本に来る前は山口県知事だった。この後熊本で起きる「政争」の真っただ中で手堅い手腕を発揮する。

安達謙蔵氏（『熊日六十年史』より）

県議会（定数40）の勢力としては昨日まで野党だった民政党が与党になって18人、逆に一転して野党になった政友会が22人。民政党は少数与党になったのである。しかも、議長は敵側の政友会が引き続き握っている。議会の混乱は目に見えていた。

12月議会の最大の焦点は「参事会」選挙。これまでは改選のあった年に選出していたが、この年から2年に1回の選出に変更されていた。参事会員は名誉職ではあったが、県会議員が定員10人、それに県政執行部が主導して知事以下、各部長で構成される。いわば〝ミニ県議会〟でもある。

投票権は各議員1票。当時の県議会は年1回しかなく、この議会で来年度の予算や重要案件を論議する仕組みだった。年度途中で災害があったり、緊急支出が必要な場合は参事会で論議して決済するのが習わしである。だから、この構成を各政党とも重視した。

既に述べた通り、この時の県議会構成は政友会優勢。このまま参事会選挙に突っ込めば、与党民政党が少数の参事会構成になるのは必至だ。そうなると、事あるごとに政友会の抵抗にあい、県政の停滞が避けられない。

「せめて五分五分に持ち込もう」

民政党で打開策が話し合われたのは県議会開会直前の11月中旬。晩秋で熊本城の銀杏も落葉が終わるころだ。熊本市中心部の鎮西館に民政党の幹部が集まった。鎮西館は現在、上通町の「びぷれす熊日会館」がある所で、隣接して「九州日日新聞社」（前熊本日日新聞社社屋）もあった。顔ぶれは大塚勇太郎幹事長（明治12〈１８７９〉年生まれ）や吉田安《よしだやすし》（明治23〈１８９０〉年生まれ、弁護士、衆院議員）県会議員など、民政党の熊本支部を背負って立つメンバーだ。

露骨な話だが、政友会議員の抱き込み工作が検討に上った。標的になったのが宮原武馬氏である。宮原氏は選挙区の上球磨地区で作った「多良木実科高等女学校」（以下、「多良木実科高女」）を県立移管にするよう求めて県知事に働きかけを続けていた。だが、思いもかけず野党になったためこれがうまく運ばず、暗礁にも乗り上げており、頼み事を持つ弱みにもなっていた。つまり、政治家として〝選挙区思いの急所〟を握られかかり、逆に言えば民政党としては協力を求める〝餌〟でもあった。抱き込みのため、しかるべき金額で買収することも秘密裏に検討され、一時はこれが成功、宮原氏が数日間民政党に転籍した事実もあった。こうした政界工作は当時としては日常茶飯事だった。

噂は県政界に流れ、それらの動きが目に付くようになり、遠藤氏の耳にも入った。

「宮原君が危ない」

心配して電話したことが、大きな問題に発展するとは思いもよらなかった。遠藤、宮原氏の話し合いは1時間余りに及び、水前寺の恩師宅を出たのが午前10時過ぎ。水前寺公園の池では無数の鯉が悠然と泳いでいた。

遠藤宅を出てタクシーで県議会（現白川公園そば）に向かおうとしていたところ、見張られていたのか、途中で民政党の壮士らしい数人に取り囲まれた。車も3台用意している。

「話を聞きたい」

「一緒に来てもらいたい」

すごまれた。県会議員の身分などなんとも思っていない連中である。屈強な体に、話し言葉も有無を言わせぬ迫力がある。このころの政治団体には選挙で選ばれた議員以外に「政党応援団」的な人物が大勢出入りしていた。「院外団」とも呼ばれ、血気盛んで「政治ゴロ」「選挙のプロ」とも言われる性格を持ち、演説会場の警備や議員の警護を行い、良識のある人には嫌われていたが、一方では「選挙対策」や「政界工作」に長《た》けていたので重宝もされた。

宮原氏は慌ててUターン、遠藤氏宅に駆け込んだ。まるで劇画である。壮士たちは裏口から逃げ出すのを見張るため、遠藤氏の家を取り囲んでいるようだ。

「先生、どうしましょう」

「民政党の大塚勇太郎幹事長を呼ぼう」

壮士を説得、なだめてもらうためだ。敵対陣営の幹部に助けを求めるとは奇妙な空気だが、「頼みごと」をしている最中でもあり、緊迫した空気も漂っていたのでその提案に乗った。電話で呼び出し、ついでに人身保護を理由に熊本北警察署にも保護を願い出た。

こうして大塚幹事長と民政党の幹部数人、それに北署から刑事が駆け付けた。

遠藤氏が県議会そばにある熊本北警察署に行って「保護してもらいましょう」と提案したのに対して、大塚幹事長はなぜか「いや、北署よりも木山警察署（現御船警察署に統合）の方が安全だ」としてタクシーを東の上益城郡木山町（現益城町）に向かわせた。この際、遠藤氏も同道し、木山での別れ際に宮原氏へ「今後は何かとお金が要るだろう」とポケットマネーを渡す気遣いを見せた。

この混乱の中で、スキを見て宮原氏が遠藤氏に託したのが、冒頭に出た身の危険を伝えるハガキである。遠藤氏は自宅に帰る途中、近くのポストに投げ込み、それが「熊本坪井局」の消印となって政友会に届いた。坪井局は当時、熊本市内に二つある集配局の一つで、県庁のすぐ近く、白川を渡る明午橋通りにあった。後に遠藤氏は、宮原氏を電話で呼び出したことやハガキの投函によって自分が拉致事件に加担していたと告発されるなど晴天の霹靂になる。

宮原氏はタクシーが木山警察署に行くものとばかり思っていたが、豈《あ》に図らんや着いたのは木山町の吉田定町長宅。もちろん有力な民政党支持者である。身辺保護していた警察官は北署に帰った。代わりに木山署から署長が来た。九州新聞が「民政党が遠藤氏と協力して事件を起こし、警察も拉致事件を知っていた」と書いたのはこうした事情からであり、当時の警察の体質からして疑われても仕方のないことだった。

宮原氏は〝深谷〟に陥った。

熊本―阿蘇―別府―四国―門司

10日夕刻過ぎ、タクシーは吉田町長宅を出て、師走の田園地帯を北に向かった。行き交う車は少ない。車内では大塚氏と壮士が宮原氏をはさみ、緊張した時間が続く。

大津から阿蘇、大観峰を抜けるころには暗闇に変わり、小国へ下って県境を越えた。玖珠、湯布院を抜けて別府に着いたのは11日の未明だった。ここで、大塚氏は熊本市へ引き返した。

別府での落ち着き先は「日名子《ひなご》旅館」。

この日名子旅館は別府でも老舗の旅館で、政治家の伊藤博文や昭和天皇も宿泊、熊本からも政界や財界人がよく使う名の知れた旅館だった。

逗留したのは壮士２人と宮原氏。普通に考えればこの間、逃げ出すことも難しいことではないようだが、そこは手練れの壮士だったのだろう、食事ものどを通らず、宮原氏は金縛りにあっていた。温泉に入るゆとりもない。

今後の予定を話し合っているのが聞こえた。

「四国に渡って琴平温泉にでも行こう」

県議会の参事会選挙まで拉致監禁を続けようという、とんでもない話である。宮原氏は逃げ出す工夫を凝らした。

この日の夕方に政友会熊本支部に届いたのが、あの坪井局消印のハガキである。夫の身辺を危惧し、熊本に来ていた宮原氏のユキエ夫人の心配は爆発寸前だった。

政友会は直ちに動いた。
ユキエ夫人はこの事件に関係したとする民政党の４人と遠藤氏を、熊本地方裁判所検事局に次の理由で告発した（文中一部は現代文にあらため、カッコもつけた）。

告発の趣旨

立憲民政党熊本支部幹部被疑者「深水、大塚、吉田、上田」等は被疑者「（遠藤）萬三と共謀の上、熊本県参事会選挙を民政党に有利に導かんがため、昭和四年十二月十日、告発人の夫・熊本県議会議員宮原武馬を被疑者萬三方に呼び出し、自動車四台に巡査、刑事、壮士暴漢を乗車せしめ萬三方より、熊本県議会に出席せんとする宮原武馬を奪取し、どこかこれを監禁中にして即ち宮原武馬を不法監禁し、これが職務執行を妨害し居れり

熊本地方裁判所検事正　遠藤恭三郎殿

ここで告発された事件関係者が直接の実行者であったかどうかは不明なままである。
告発を受けた側に遠藤氏も含まれており、後に遠藤氏は「私は宮原君を助ける立場の

人間だ。なぜ、私が告発を受けるのか分からない」とこぼした。いずれにしても、こうした乱暴極まりないやり方が民政党の仕業であることを告発が印象付ける狙いは十分である。

告発された深水清代議士（明治２〈１８６９〉年生まれ）は熊本民政党の支部長で、この時は前年の昭和３（１９２８）年に行われた第16回衆議院選挙に当選したばかり。後に九州日日新聞社長も務める。大塚勇太郎幹事長も同じく戦前の熊本日日新聞社取締役になる。吉田安県会議員は弁護士で、議会での追及には定評があった。上田虎喜県会議員は民政党の大津支部幹部、それに遠藤氏である。告発には政友会県会議員の芥川倭夫《しずお》、中野雅城両弁護士が付き添い、大里与謝郎《よしろう》検事に面会して捜索を申し入れた。刑事事件なのに警察への告発ではなく、検察という実態こそが警察不信の表れである。「タクシー運転手や吉田町長を調べれば、監禁が証明される」とも言う。大里検事は直ちにユキエ夫人を事情聴取、遠藤氏を含め関係者の取り調べを始めた。

このころ、別府では次の出発地に向けて準備が始まっていた。別府から四国へ向かうには宇和島運輸と大阪商船の瀬戸内海航路がある。これだと、どちらかは愛媛県の高浜港と、琴平温泉に近い香川県の多度津港に寄港する。だが、当時の新聞記事では

「午前一時半別府発の便で高浜に上陸した」とある。このころ瀬戸内海航路を就航した両社の旅客船に「午前一時半発」はなく、大阪商船の「午後一時半発」だけが高浜港に寄港する。従って、一行はこの船便に乗船したものと思われる。

宮原氏は別府を発つ前、秘かに政友会の中野猛雄幹事長（明治16年生まれ、濟々黌、早大卒、衆院議員）宛てに鉛筆書きのハガキを出した。別府郵便局の消印で、これもスキを見ての投函だったのであろう、文面は一部乱れ、意味不明なところもあった。切手代は「受取人払い」だった（以下の文面も一部意訳、現代文に改めた）。

中野幹事長貴下、私の軽率多謝（済みません）、しかし同師（遠藤氏）を信じ、師もかくあることは予知せぬ次第、いかに一人決死の勇を振るうとも能《あた》わず。尚前後大分《だいぶ》考えしも遂に脱出不可能。血で血を洗う不祥事を小生の外出（に伴う）落ち度により見るは同志にしのばず。実に一同ご立腹でしょう。

当日（10日夜）別府直行、今夜（11日）も脱出の隙を見れど警戒厳し十一日夜半ごろになって、『十二日午前一時 半《（原文ママ）》 発別府港より四国に渡る』と話している。反対すれば脱出期（機）を見出し難く、（しかし）十二日夜までには単独（脱出できる）となる心組み（腹積もり）、その時打電します。

一日も早く帰熊を思い、寝ても不眠《ねむれ》す《ず》。食事も砂を噛むごとし。しかし、生涯政友（会）のある限り、いずれの時かこれまでの汚名、落ち度を神かけてまつのみ。

この緊迫した空気のハガキが熊本の政友会に届いたのは翌13日の午後3時ごろ。追いかけるように同時刻ごろ、伊予高浜港発の電報も配達された。宮原氏からの急電である。それには「明日（14日）朝五時、門司着く、迎え頼む」とあった。事態が急変している。

宮原氏は乗船した大阪商船の船便が周防灘を越えるころからスキを伺った。12日夕、薄闇にかかる四国の高浜港に寄港したところを乗船客にまぎれて壮士の監視をかいくぐった。下船、ついに脱出した。そして、この後の逃避行を探した。高浜港から出る伊予鉄道で松山まで抜け、松山から国鉄予讃線に乗り換えて今治、新居浜を経

中野　猛雄（政友、再）
早稲田大學政治科の出身で天草郡宮地岳村長や中西銀行重役たりしことあり、大正十二年十月縣會議員に當選し十三年五月衆議院議員選擧に立候補したが落選した、年四十五才

中野猛雄氏（九州日日新聞より）

由、多度津港に着くルートがあった。これを利用すると大阪発の大阪商船瀬戸内海航路が多度津港に寄港した後、門司に行くことが分かった。まるで、推理小説のストーリーを地で行くような展開だが、宮原氏も必死だったのであろう。汽車を乗り継ぎ、13日の朝、多度津港から大阪商船の「早鞆丸《はやともまる》」に乗り込むことに成功した。脱出の費用の一部は「今後の行動のために」と、10日朝に遠藤氏が別れ際に渡してくれたものが役に立った。

13日朝には船中にいるのに、電報は同日の「高浜港発」である。どこから発信したのか。答えは乗船中の早鞆丸からであった。大阪商船の後継会社である商船三井（本社・東京）によると、当時の船舶で2000トン以上、50人以上の乗客を乗せるなら無線電信設備を備える義務があったという。だから船内からの電報発信も可能だったのである。

熊本の政友会では、宮原氏による別府からの緊急ハガキと脱出電報を同時に受け取ったような状態で、遠藤氏の話から「夫はどうも別府にいるようだ」と別府に出向いて夫の行方を探していたユキエ夫人に連絡。ユキエ夫人は国鉄日豊線で別府から乗り込み、2時間半かけて門司に着いた。熊本からも政友会関係者が門司に迎えに行くことになった。政友会県支部では中野猛雄幹事長が急遽、大森知事に面会、宮原氏の保護を願い出た。動きが急速に回り始めた。

一方、宮原氏を監視していた民政党の壮士たちは慌てた。突然、宮原氏の姿が船内から消えた。「逃げられた」として八方手を尽くして探すうちに、どうやら宮原氏の逃避行ルートが見えてきた。「ここで、宮原氏に熊本へ帰られたら参事会選挙に間に合ってしまう」として、熊本の民政党支部に連絡、民政党も柔道家を含む15人を急遽、門司に向かわせた。

こうした生々しい事件の成り行きについて、九州新聞は連日のように報道している。例えば宮原氏が別府から出したハガキが熊本に着いた13日の夕刊は「暗黒時代の到来だ」と激しい言葉を使い、「本紙に無法を暴露され、民政派は青菜に塩」「宮原県議監禁事件で検事局取り調べを開始」（ともに三段見出し）、14日朝刊には宮原夫人のインタビュー「民政党の非紳士的、非公党的なのは返すがえすも遺憾千万」を載せ、同日の夕刊では「遠藤萬三氏、熊本検事局に取り調べられる」、15日朝刊では「愈々《いよいよ》明白となった熊本民政派の悪辣手段」とキャンペーンを張った。そして、検事局が政友、民政両党の県会議員を次々に取り調べていると大々的に書き続けた。これらを読む限り、まさに重大事件である。

これに対して九州日日新聞の扱いはどうか。

宮原議員の監禁事件を最初に報道したのは拉致事件の3日後、13日の夕刊である。しかも、二段見出しの短い記事で、「身を隠した宮原議員は政友会の脅迫を恐れて自ら避難したもの」と簡単に扱った。つまり、拉致監禁などではないと主張し、そして、さらに3日後の16日付で「民政派に監禁せられたなどは真っ赤な嘘」とこれまでのいきさつや民政党の立場を強調して「宮原氏は自らの意志で行動している」と説明した。「子どもではあるまいし、大人なら逃げようと思えば簡単に逃げられるはずだ」と真っ向から拉致監禁を否定し、扱いとしてはあくまでも監禁ではなく、四国行きは壮士と宮原氏が協調しての行動であるとの姿勢を貫いている。

九州新聞、九州日日新聞両紙を読む限り、どちらが正しいのか読者は戸惑うばかりである。当時の新聞の作り方はこれが普通だったのであろう。

門司での滞在11日間

14日朝5時、払暁の中、早鞆丸は定刻に門司港へ接岸した。政友会、民政党の関係者、双方鉢合わせの出迎えだった。下船客に混じって宮原氏の姿が見えた。港の桟橋で宮原氏の争奪戦が始まった。激しい争いだったようで、政友会の関係者は血を流した。後にこの場面を聞きつけた人吉市選出の小出政喜県会議員（民政党）は、後年、自身の回想録『思出草』で「宮原君はこの騒ぎで衝撃の余り、失神した」と書いている。それほどの激しい乱闘であったのだろう。

宮原氏の門司着は熊本県の警察部にも情報が入り、山形県の警察部長から熊本へ赴任途中の青木善祐《よしすけ》警察部長（明治25〈１８９２〉年生まれ、延岡市出身、中央大卒）は大森熊本県知事の意向を受けて、福岡県警察部に保護を依頼、連絡を受けて門司水上署が宮原氏を保護した。問題の処理に政友会の中野幹事長、民政党の大塚幹事長、それに大森知事と青木警察部長による四者会談も開かれた。

小出政喜氏（小出忠紹氏提供）

この間、熊本では県議会が大モメしながら続行。政友会は一日も早い宮原氏の議会復帰を目論んで大森知事に事態の収拾を要請し、民政党は「宮原氏の意思が大事」と駆け引きを続けた。ただ、14日の県議会で知事は微妙な答弁をしている（12月16日付、九州日日新聞）。

「宮原君の行方不明に関しては一切不明であって、宮原君は自己の自由意志でそうされたものと思う。この件に関して、県は関係ない。不法監禁と言われるが、そういう言葉は公の席では申されぬが良いと思う」

事件はまだ進行中であり、捜査は検事局が続行中で大森知事がこうした発言をしたのは何らかの証拠があったのか、それとも検察が調べている最中なので予断を排する意図があったのか、憶測を呼ぶ発言でもあった。

宮原氏の発見でこの事件は解決に向かったかというとそうではない。すぐに熊本へ帰るかに見えた宮原氏は門司に留まり続けた。水上署が用意した門司港近くの旅館でユキエ夫人と滞在が続く。

そのうち、告発を受けて捜査を続けていた熊本地方裁判所検事局の大里与謝郎検事が16日に門司にやってきて、本人の事情聴取を始めた。ところが、ユキエ夫人が先に検事局に出していた告発を取り下げたのである。

いったい、何があったのか。

ユキエ夫人が後にその理由を九州新聞記者に語っている（昭和５年１月３日付）。

「宮原氏を保護した門司水上署では厳重に警戒して第三者が近づくのを許さなかった。しかし、宮原氏は熊本に帰りたがった。それを許してもらえなかったのは、熊本県知事、熊本県警察部長から身辺保護を依頼されているからだという。どうしても帰りたいなら、民政党関係者への告発を取り下げよ、そうすれば、民政党の壮士たちも気を治めて暴力もなくなるであろう。こうした説得をしたのは水上署の署長だった」

なんとも不思議な話だが、九州新聞記者は水上署の方針を宮原氏が門司港に到着した３日後の17日に取材している。それによると、水上署では宮原氏の今後の意向を聞くため署員を旅館に派遣した。この時点で宮原夫妻は、「熊本から政友会、民政党の関係者5人に来てもらい、そこでの協議の結論に従う」と述べた。「直ちに熊本へ帰りたい」のではなく、なんとなく躊躇している。宮原氏の態度が変化しているのを受け、今度は水上署長が直接面会、熊本の状況を詳しく説明し、「熊本での両党関係者は非常に殺気だっている。今帰ると身の危険がある」と言うと、宮原氏は両党関係者に門司に来てもらいたいとの意向は撤回し、今度は「自分の身分は両党の幹部、弁護士にまかせている」と新たに熊本の二人を名指しし、門司まで来てもらいたい、との意思表示だったという。従って水上署では熊本県知事からの依頼もあり、この二人が来るまで宮原氏を厳重に保護する方針を示した。

この時点で、ユキエ夫人が水上署長から告発取り下げの説得を受けたとの事実は出ていないが、「熊本の政界は殺気だっている」との話の中で、当然、これを治めるには告発取り下げの打診が出ていたのであろう。

帰るべきか、留まるべきか、宮原氏の気持ちが揺らいでいるような成り行きであるし、仲介の二人が熊本から来るまでは身動きが取れない状態のようでもある。門司での時間は刻々と過ぎていく。

この〝空気〟に九州新聞の記者は敏感に反応している。

「これは、水上署長が熊本民政党の意向を忖度《そんたく》して宮原氏の引き留め工作に狂奔している証拠だ」

手厳しい論調である。そして、水上署長とは何者かと書き立てているのが興味深い。

それによると、

「水上署長は菊池郡城北《しろきた》村（現山鹿、菊池市）の出身、前福岡県知事・大塚惟《い》精《せい》氏（明治17〈１８８４〉年生まれ、熊本県出身、東京帝国大学卒、内務官僚）の乾分《こぶん》であって田中義一内閣成立とともに馘首され、浜口雄幸内閣成立とともに復活したもので、今回の事件についてもお家の一大事、熊本県議会の大問題たることを自覚して、できるだけ忠勤に励んでいるものである。大森知事は『本人さえ帰熊の意思を表示すれば身柄は絶対安全を保障し、直ちに門司より熊本に連れ帰る』と言っているのに（宮原氏が）いまだに暴漢に恐怖を抱いているのは（おかしなことであり）大森知事の意向が不徹底である証拠だ」

というように、水上署長への不信感丸出しである。

宮原氏が意思表示したように政友会、民政党双方の幹部二人がそろって門司に来れば問題は解決しそうだが、民政党側はなぜか腰が重く、宮原夫妻は門司に滞在すること11日間が過ぎた。

この間、熊本県議会は多良木実科高女の県立移管を可決し、24日は最終日。深夜にまで及んだ駆け引きの後に参事会選挙が行われ、政友会5人、民政党5人の当選で幕を引いた。民政党にすれば、この拉致監禁で当初の目的は達した。

宮原氏は県議会が閉会した翌25日夕刻、2週間余りに及ぶ不自由な生活から〝解放〟され、列車で熊本に帰った。

ここに至るまで、霧の中の出来事が多すぎる。

第2章　参事会選挙

民政党の「参事会を五分五分に持ち込む」という目論見は達成された。

この成り行きに飲みこまれ、翻弄された宮原氏の軌跡もまた波乱万丈だ。

少し、歴史を巻き戻してみよう。

宮原武馬氏は明治22（１８８９）年、球磨郡岡原村で生まれた。岡原村は熊本県南部の人吉市から東へ約15キロ、鹿児島へ向かう九州自動車道の人吉インターチェンジを下りて20分、球磨盆地の中央付近にある。平成15（２００３）年に周辺5町村と合併して「あさぎり町《ちょう》」となった。あさぎり町とは、朝の霧が多いところから名付けられており、ふるさとの匂いが色濃い地域だ。

宮原家は代々神主の家系で、父の順治氏は切畑霧島神社の第十八代当主であった。後にこの切畑神社は岡原神社と合併、統合された。武馬氏は順治氏の子息、7人（男4、女3）のうちの三男である。「宮原家の家系」については順治氏の孫の敏雄氏（明治30〈１８９７〉年生まれ）が詳しく書き残している。だが、叔父の武馬氏に関してはなぜか簡単だ。これだけ大騒動になった親族に対しての記述にしては遠慮があったのか。

武馬氏は子どものころから優秀で、岡原尋常高等小学校を経て創立間もない県立球磨農業学校に進学。第3回の卒業生で、この時の校長見習いが遠藤萬三氏であることは既に述べた。

その後、宮原氏は明治41（1908）年11月から、明治43（1910）年3月までの2年4カ月間、玉名郡鍋村（現玉名市）の鍋尋常小学校に訓導心得として赴任している。19歳だった。訓導が正式な先生で、心得は見習いという位置づけか。

なぜこんな遠隔地に行ったかというと、ちょうどこのころ（明治39〈1906〉年6月）、「鍋農業補修学校」という農村青年向けの教育機関が併設され、農業教育に熱心な指導者として迎えられたようだ。遠藤校長が手配した就職のようである。21歳まで働いて球磨に帰り、球磨郡藍田小学校に勤務している。向学心が旺盛だったのだろう、今度は鹿児島大学農学部の前身である鹿児島高等農林学校別科に学び、多感な青年時代を過ごした。卒業後は福岡県三潴《みずま》郡（現久留米市等）の農会、今でいう農協組織に農業技師として就職した。その後、帰郷。自宅から1㌔離れた隣村・久米村の宮原家に婿養子として入り、ユキエ夫人（明治32〈1899〉年生まれ）と結婚した。詳しいことは不明だが、同じ宮原姓であり、両家は近い間柄だったと思われる。二人の間には2男4女が生まれた。

久米村の宮原家は焼酎醸造業を営み、特産の銘柄「米精《こめせい》」と「球磨《くまの》一《いち》」は地元で愛された（『球磨焼酎　本格焼酎の源流から』弦書房）。「球磨一」の看板や焼酎甕はひ孫の宮原貴志氏（昭和49〈１９７４〉年生まれ）が今も大事に保管している。宮原家はしばらく焼酎作りに専念していたが、酒造メーカーとしてはその後廃業、その経験を生かし、長く「みそ麹《こうじ》」を作って近隣の農家に販売していた。

宮原家の仏間に掲げられた宮原氏の写真を見ると、細面で、眼鏡をかけ、チョビ髭をはやした研究者タイプの面立ちである。

造り酒屋の若手経営者として地元でメキメキと頭角を表わし、人望もあったのであ

宮原武馬氏のひ孫・貴志氏。
手に持っているのは焼酎「球磨一」を示す看板

ろう、大正11（１９２２）年の久米村村会議員選挙に立候補。当選した後、２期目途中の昭和元年暮れ、球磨郡区選出で政友会所属の県会議員・久木田権太郎氏が死去した。この後釜として翌昭和２（１９２７）年１月に行われた県会議員の補欠選挙に政友会推薦で当選したのである。この時、宮原氏は38歳。

この補欠選挙から宮原氏は本格的な政争の渦に飛び込むことになる。

補欠選挙は壮烈だった。対立候補の憲政会（民政党の前身）の黒木徳太郎氏は地域の有力者。これまでの選挙で両党は球磨郡内で激しく争い、前回の県議選では久木田氏がわずか77票差で相手候補に勝つという激戦だった。必勝を期す九州新聞は宮原氏を「地方の新進名望家」として売り出し、毎日のように紙面に推薦案内を出して応援する力の入れようだった。政友会は球磨郡内で運動員を大量動員し、「（久木田氏の）弔い選挙だ」との掛け声でくまなく演説集会を開催。結果は総投票数２７５２に対して、４０２票差の当選だった。圧勝と言っていいだろう。

補欠選挙で当選した年の昭和2年4月、当時の第一次若槻礼次郎内閣（立憲民政党）に代わって政友会の田中義一内閣が発足、政権は攻守交代した。中国大陸では蒋介石の反共クーデターや漢口の日本人租界で日本軍水兵と中国人労働者が衝突する

「漢口事件」が発生。台湾銀行の取り付け騒ぎもあって、次第にきな臭さが濃くなっていた。軍靴が闊歩し始めた時代である。

政友会政権の発足は前にも述べたように、地方の県政から警察幹部までひっくり返る政変でもある。当時の熊本県知事は岡正雄氏（明治15〈1882〉年生まれ）から斎藤宗宣《むねのぶ》氏（明治14年生まれ）に、警察部長も野村信孝氏から木下義介氏（明治23年生まれ）に代わった。それに伴って末端組織までごっそりと代わり、熊本県政は揺れた。このことについては後に詳しく述べる。

そして、この年の10月、県会議員選挙が行われた。普通選挙が施行されて第1回の県議選である。普通選挙とは大正14（1925）年、加藤高明内閣によって制定された選挙法で、それまで納税額によって与えられていた選挙権を日本国内に住む25歳以上の日本人青年男子に与えられたものである。この選挙権付与もさまざまな曲折を経て実現したが、女性にはまだ与えられず、「婦人参政権運動」が続けられた。女性の参政権は第二次世界大戦の終戦後、GHQ（連合国総司令部）の指令でやっと実現した。だから、この県会議員選挙が「第1回県議会普通選挙」と言われている。

ちなみに翌年の2月、普通選挙法による初めての国政選挙（総選挙）も行われ、熊本では民政党、政友会とも各5人が当選した。当時の熊本県民の人口129万人に対して有権者は27万3000人だった。今も政治家として歴史上に名前がよく出てくる松野鶴平氏や安達謙蔵氏はこの時の当選者である。

県会議員選挙でトップ当選

県会議員選挙に戻る。

球磨郡区の定数は3。政友会からは再選を目指す宮原氏を含めて2人。民政党も2人が立候補。このままなら1人が落選する。

この時の選挙の裏話を前出の県会議員・小出政喜氏の子息である進氏が自伝の『思出草』で生々しく語っている。それによると、事前の予想では4人のうち、政友会は手堅く宮原氏と中原村（現人吉市）が地盤の税所鎮己《ちんき》氏（元同村長）の現職2人を擁立。民政党は宮原氏と地盤が競合する免田村長（現あさぎり町）の岩崎盛之介氏（後の県会議員・岩崎六郎氏の父）を推した。しかし、民政党はメンツもあって意地でも2人の立候補にこだわり、人吉市で新聞販売店を経営していた小出氏に「貧乏くじ同然」に白羽の矢が立った。しかも、民政党の地盤割は岩崎氏に3分の2、残り3分の1が小出氏と最初から「恥さらしの犠牲候補だった」と言う。小出氏は地盤も看板も無く、運動員も息子が父親の代わりに選挙区の半分を回った。ポスターも古新聞に名前を墨書で書く手作りで、いわば泡沫候補同然の扱いだった。

開票当日、自宅の選挙事務所は落選を見込んでか誰も顔を見せず、親子二人。ところが、ふたを開けてみると、宮原氏が県議補選の勢いもあって上球磨一帯で大量得票、岩崎氏の支持基盤を思った以上に食い荒らしてしまった。このため岩崎氏の得票は伸びず、なんと小出氏が岩崎氏をわずか225票上回る得票で3位に滑り込んだ。かろうじての当選だった。選挙結果は、

宮原武馬	4355
税所鎮己	3818
小出政喜	2980
岩崎盛之介	2755（次点）

「奇跡、青天の霹靂だった」。小出氏は振り返っている。

だが、この時の選挙で宮原陣営はよほど張り切ったのだろう。大量の選挙違反者を出し、後々、この事実が我が身に重くのしかかってくる。次点の岩崎氏は敗者復活を期す。

この時代の選挙では有権者に対する買収、供応は村祭りの打ち上げ同然に行われ、「見つかれば運が悪い」程度のことだった。それだけに警察権の介入、見逃しも日常茶飯事だったようだ。

選挙違反の横行に対して九州日日新聞は社内に「選挙廓清《かくせい》会」なる組織を設け、「緊急広告」を出している（昭和2年10月3日付）。「廓清」とは「積もり積もった悪行を払い清める」との意味だが、この場合は「投票の買収、利益の供与を通報した人には１００円以下の報酬を出す」と呼びかけた。１００円は今なら30万円にもなり、随分大胆な提案だ。それだけ激しかったのだろう。

選挙結果は、熊本県全体では定数40に対して政友会20人、民政党19人、準民政党１人の当選で、事実上五分の結果だった。勢力拮抗の状態は県政に政争が漂い始めた始まりでもある。

昭和2年暮れの12月県議会は当然もめた。政友会議長と民政党副議長に対して、双方が不信任決議を連発。議場が混乱して宮原議員が「何者かに両足を靴で蹴られ、負傷した」事件も起きた。政党間の抗争は激しかった。

こうした中で阿蘇郡区と下益城郡区で現職県議の死亡があり、補欠選挙が行われたが、当選者に政党別の入れ替わりはなく、勢力は伯仲したままだった。

だが、昭和3年11月、天草選出の民政党県議・中村利藤太氏が死去。代わって政友会の原田恒弘氏が当選した。これによって政友会は21人、民政党19人の構成になった。

「一寸先は闇」と言うが、政治はまさに不透明なものである。このままなら熊本県政も政友会優勢の状態で推移すると思われたが、平穏だったのも束の間、昭和4年7月になって前にも触れたように、政友会の田中義一内閣が張作霖爆殺に伴う天皇陛下の不興を買って倒れ（いわゆる某重大事件）、民政党の浜口雄幸内閣と交代したのである。当然ながら熊本県政も攻守交代となった。だが、民政党は少数与党である。ここに「宮原県議拉致事件」の芽が覗《のぞ》き始める。

昭和4年の晩秋、予算議会が近づいた。焦点は「参事会選挙」の取り扱いである。県議会の勢力は野党・政友会が優勢。知事与党の民政党としてはなんとしても政友会の切り崩しが必要だ。

そこで狙われたのが宮原議員だ。人吉・球磨郡区の上球磨地区10カ町村（多良木、湯前、水上、黒肥地、久米、岡原、須恵、深田、免田、上）は大正７（１９１８）年春に開校した多良木実科高女の経営が重荷になり、球磨郡区選出の県会議員は民政党、政友会の議員３人が足並みをそろえて県立移管を求める建議案（意見書、陳情書）を県議会に出していた。

多良木実科高女は今の多良木小学校の近く、町民広場の一角にあり、跡地は集会所になっている。当時、尋常小学校を卒業したらそのまま社会に出ていく少女たちのために「将来、一家の主婦になる女性たちにここで必要な修養をしてもらう」との理念で設立されたもので、本科、別科、研究科のクラス編成が設けられていた。だが、いかんせん教師の給料や学校の運営、維持に経費がかかり、10カ町村の町村長たちにとって重荷になった。だから開校11年目にして県立移管は悲願でもあった。

町村長たちは熊本市の民政党熊本支部幹事長・大塚勇太郎氏の自宅を訪れ、多良木実科高女の県立移管を陳情した。この際には町村長たちがこぞって民政党に移籍することを確約したり、学校運営費の年間地元負担を持ち出すなど必死に陳情した。宮原

【三】第九千三百二十四號　（第三種郵便物認可）

て校内各所後祝賀宴を催し餘興として各町村より太鼓踊、手踊、各種民踊等の出し物があり、第二日（五月一日）は午前九時より記念學藝大會を催し同校及び上球磨各小學校生徒の聯合出演があり餘興と

昭和7年、創立10周年を迎えた多良木実科高女
（昭和7年4月29日付、九州新聞より）

県議の民政党入党も話題に上ったという。地元では節《せつ》を曲げてでもお願いする立場にあった。

大塚氏はこれらの話が表立って取引するものではないことを百も承知であり、やんわりと受け流した後、「民政党は陳情の見返りに橋や道路を建設することはない」とまで言い切っていたという。政党幹事長の見事な腹芸というべきか。

政友会を脱党、民政党へ、そして復党

こうした背景をベースに、民政党は参事会選挙を勝ち抜くため、宮原議員をターゲットにした。

熊本市上通りの民政党熊本県支部・鎮西館で行われた民政党幹部による県議会対策会議では、地元町村長からの「強い要望」としての陳情型式を取ってもらうこと、宮原氏の民政党移籍の表明、そして、これらが実現した暁には宮原氏に小切手で２０００円を支払うことが決まった。２０００円と言えば、今なら６０００万円相当か。多良木実科高女の県立移管を餌に宮原氏を買収し、参事会選挙を五分に持ち込むという作戦はまさに謀略であろう。

ところが、この作戦は成功しかかる。いや、結果的には成功する。結末までの紆余曲折はハードボイルド小説顔負けである。

11月26日付の九州日日新聞に、突如として次のような2段見出しとともに宮原議員の「声明書」が掲載された（概略、本文は一部現代文に書き変えた）。

「宮原議員　政友会を脱党　民政党に入党す」

記事によると、球磨郡選出の県会議員宮原武馬氏は、多年にわたり政友会で党務に尽力し、球磨地方では重きを置かれた。しかし、政友会の近頃の態度は徒《いたずら》に党派心に駆られ、国家の重要施策を妨げんとするばかりで、嫌悪感を覚えているという。そこで終《つい》に意を決して政友会を脱し、民政党に入党することになった。現内閣の重要政策は国家当面の難局を打開し、国運の発展を企図するもので、これは超政党的な意義を有し、県・国一致の努力を払うべきものなるに拘《かか》わらず、政友会は国家本位の行動に出《い》づることをせず、あるいは金解禁(註3)に関して国民を惑わさんことに務め、緊縮政策強化運動(註4)にもケチをつけるなど、ことごとく陋劣《ろうれつ》な心情が見える。これではいかに多年の縁故関係ありとはいえ、県民の福利に背反することであり、許されないと言っている。かくて宮原氏は民政党熊本県支部の平山岩彦代議士、古閑又五郎総務、大塚勇太郎幹事長、吉田安総務部長と会し、入党の決意を述べた。

註3　世界恐慌の波を乗り切るため、浜口内閣は金の輸出を解禁して輸出の拡大を図ろうとした。国際経済に仲間入りする方針も一部では実現が危ぶまれた。

註4　浜口内閣は打ち続く不況で財政が窮屈になり、国民に消費節約、貯蓄奨励を訴えた。産業合理

化は失業を招き、農村は疲弊した。熊本県の予算緊縮にも影響して県政混乱の一因になった。

「声　明　書」

　現内閣の政策は国家当面の難局を打開すべき超政党的な大策であるのに、政友会の態度は常に党派心に捉われ、国家を本意とすることを知らず、熊本県政に対する態度も甚《はなは》だ誠意を欠き、無責任を免れぬ。よって政友会を脱して民政党と事をともにせんとする所以《ゆえん》である。

熊本県会議員　宮原武馬

　実に堂々たる脱党宣言である。政友会に政治信条を理由に大上段から三下り半をたたきつけ、多良木実科高女のことなどおくびにも出ていない。

　これが、県議会開会前日の出来事である。

　民政党に入党した夜、熊本市下通りの高級料理屋「静養軒」で民政党の同志議員懇親会が開かれた。この席には宮原氏の長兄・安馬氏（明治6年生まれ）の姿もあった。安馬氏は地元の小学校教諭として長く教育界にあり、退職後は岡原村の助役をした後、町長に就任した地域の名望家である。静養軒には安馬氏の他、球磨郡の村長たちも姿を見せた。民政党幹部連に多良木実科高女の県立移管を懇願したのは言うまでもない。宮原氏は入党の挨拶をし、酒を酌み交わす中での陳情は和気あいあいだったという。

念には念を入れる腹積もりだったのだろう、県議会が始まったその夜には球磨郡選出の民政党県議・小出政喜氏と先の県議選で次点だった岩崎盛之介氏がこれまた熊本市内の料理屋で宮原氏を囲み、入党を祝した。開会直前で県議会の構成は民政党、政友会とも互角になった。

こうして昭和4年11月25日、県議会は初日を迎えた。波乱の幕開けである。県議会の開会初日、議会棟は緊張感に包まれた。本来ならばこの日に参事会選挙が行われるはずだったが、開会時間の午前9時になっても政友会側が控室に閉じこもって議場に現れない。宮原県議が民政党に移籍しており、参事会選挙にもつれ込めば勝算はなく、良くても五分五分である。一種の引き延ばし戦術であったろう。県議離党や参事会選挙の行方が話題となり、傍聴席は両党の支持者や壮士連で満員。待たされる時間にイラ立った空気が流れた。

午後2時、ようやく開式のゴングが鳴った。

冒頭、型通りの開会セレモニーが行われたが、政友会の坂田道男議員（八代、故坂田道太代議士の父）からいきなり緊急動議が出た。「参事会選挙を延期しよう」との提案である。これが、開会遅れの間に政友会が導いた作戦の第一弾だった。採決の結果、賛成21で可決された。宮原議員が民政党に移ったため互角のはずが、政友会が１票多い。ここに含まれたナゾは大森知事の施政方針演説に隠されていた。

初日の県議会で表明した大森知事の予算執行方針に野党・政友会は驚いた。昨年暮れの県議会で決めた昭和４年度の予算を年度途中で大幅に減額する案件が含まれていたのである。政友会としては自分たちが県政与党時代に決めた予算を、知事が代わったからといって勝手に変えていいものか。「議会軽視ではないか」と言う。メンツの問題もあったろう。

この緊縮財政は当時の世界的不況の影響を受けて、浜口内閣が歳入不足を打開するために打ち出していたもので、先に述べた政府の金解禁と国民総節約運動に連動したものである。だから、年度途中であっても予算削減は止むを得ないとの論法で押し通そうとしていた。削減するのは一般予算の１４３万７０００円と特別会計の50万円である。これは今の感覚からすれば計58億円の減額になる。４年度の当初予算９５８万円（287億円換算）比では約15％、特別会計は全てカットしたからこれを含めると20％にも達する大きな削減である。その範囲は容赦なく、熊本県の事業全般に及んだ。継続事業は凍結、新規事業はバッサリと切られた。地元からの要望で組み立てられて道路、橋梁、教育、福祉と例外はなかった。

政友会は猛反発した。

ここに恒例の〝荒れる県議会〟が出現する。

大森知事も一歩も引かない。具体的に数字を並べて説明した。昭和4年度の熊本県の最終決算では13万円（3億9000万円換算）の赤字が避けられないこと、これらに伴う累積県債（借金）が1225万円（367億円換算）にも達するという。

これに歯向かったのが政友会の論客・脇山真一議員（明治17年生まれ）である。脇山議員は天草郡上津浦村（現天草市有明町上津浦）出身。濟々黌から早稲田大学に学び、帰郷して上津浦村の村議を経て村長を4期した後、大正12（1923）年、県会議員になった。後に昭和14（1939）年には県会議長も務めた練達な政治家だった。

「既に決議した予算を執行部が勝手に変えるとは何事か。こうした更生予算の執行は『予算の精神』を冒とくしている」（脇山氏の自伝『吾が一生』より）。

正論である。

対して、大森知事は「削減は全て県民のためである。予算の執行権は知事部局にあり、政治的な判断として『実行予算』である」と突っぱねた。

この時代の県政運営は圧倒的に知事部局側が強い。政友会は県債発行での予算穴埋めを求めたが、国からは「県債発行はまかりならぬ」とくぎを刺されているから県も身動きは取れない。論議は堂々巡りが続き、最終的には野党政友会側が大枠で押し切られた。

注目の昭和５年度予算もそうである。予算編成の方針も「起債を財源とする新規事業は計画しない。緊急避けがたいものの他は一切計上を見合わせる」というものだった。結果、当初予算は７７８万円（２３３億円換算）で、昭和４年度より１７９万円（53億円換算）少ない、マイナス18％の減額になった。

これでは球磨地方の町村長たちが望んだ多良木実科高女の県立移管などできるものではない。予算にはそのかけらもなかった。「県立移管できないならその方針だけでも示し、学校経営の運営補助金を付けてくれ」と願っていたのに片鱗さえなかった。

底流にそうした波乱を含みながら県議会は初日を終えて休会に入り、再開日は12月２

日と決まった。

宮原議員は驚いた。大森知事の予算方針はゼロ回答のみならず裏切り同然である。自分や球磨の町村長たちが下した苦渋の決断に「厘毛《りんもう》（わずか）の配慮」も見られない（九州新聞）。このままでは地元の人々に合わせる顔がない。そこで決断した。民政党を離党して政友会への復党である。

この事実は12月3日付の九州新聞に次のような形で現れる（概略、一部現代文にあらため加筆した）。

過日民政入りの

　宮原県議復党す

　　概然として発奮　　復党声明書発表

「球磨郡選出の県会議員宮原武馬氏は、多良木実科高女の県立移管を実現するに急な余り、政友会を脱して民政党に入党したが、氏の希望は実現されず、空しく多年の同志を売りし事となったので、氏は慨然《がいぜん》(註5)として発奮し民政党を脱して政

友会に復党、次のような声明書を発表した。（前同）

声　明　書

予が涙を呑んで多年の同志に分かれ、民政党に入党したのは多良木実科高女を県立移管し、球磨地方の女子教育の向上発展を期待したからである。しかし、民政党の幹部は今年度の予算に片鱗さえ計上せず、補助の増額すらしなかった。これでは私の顔が立たない。かくなる上は私の不明を謝し、再び長年の同志と手を握るのみ。どうか皆さん、私の胸中を理解して下さい。――

註５　公憤を覚えて憂え嘆くさま

先に述べた、参事会選挙の延期動議で政友会票が一票増えたというのは宮原票であったろう。

この復党声明には当然ながら熊本の政界に激震が走った。民政党はシナリオが狂った。このままなら参事会選挙を五分に持ち込めない。

宮原議員は休会を利用して11月29日、熊本市から久米村の自宅に帰った。理由は亡き祖父の法要という。

これから先の〝拉致前哨戦〟を振り返る事態については九州日日新聞、九州新聞とも見解が全く分かれているので、双方の主張を述べる。

まず、九州日日新聞（12月16日付、概略、一部現代文に改めた。かっこ内は筆者補足）。

「11月30日、宮原議員が熊本市の民政党支部に姿を見せないので心配していると、案の定、30日未明に久米村の自宅に政友会の壮士数名が現れて包囲、（民政党に移籍したことを怒り）宮原氏を車で強制的に連行、人吉市の相良温泉（現国民宿舎）に拉致した後熊本市へ向かったという。民政党では宮原氏の身辺保護のため、連絡を受けて直ちに久米村へ壮士を派遣、車を追跡した。そして、佐敷（現芦北町）で追いついた」

ここで、いきなり佐敷に着いたようになっているが、途中経過がある。九州日日新聞はその模様を次のように伝える（12月18日付）。

「彼らの自動車が佐敷町に向かって全速力で走るので、我々もその後をつけたが、球磨川の渡し場で向こうが一足先に渡り、渡し舟が向こう岸に遊んでいて帰ってこない。大声で呼び戻し、やっと自動車のまま渡ったが、25分間も経過した―」

かつて人吉市を出発して八代市へ行くには「人吉往還」と呼ばれるルートを使うのが一般的だった。現在の国道219号が全線開通したのは昭和33年だから、球磨川沿岸道路はまだ一部通行の状態だった。『人吉・球磨の交通史』などによると、この人吉往還は江戸時代から八代―球磨を結ぶ商業ルートでもあった。各種資料を総合すると、人吉から球磨川の右岸を南下、一勝地か渡、大瀬付近で球磨川を渡し舟で渡り、大野、天月《あまつき》を経由、桑原を抜けて佐敷に着いたようだ。九州日日新聞では、政友会の車を追跡する途中、「球磨川を渡る時、渡し舟で車ごと渡った」とある。当時の球磨川には今のフェリーのような交通手段はなく、また、車が通れるような橋も限られていた。「狭い、急峻な球磨川沿岸を命からがらで追いかけ三太郎峠を越えた」とあり、大汗かいて佐敷で追いついたようだが、詳しい経路は不明である。「渡し舟で車ごと渡った」との記述がネックになって走行ルートの確定ができなかった。民政党の追跡劇を続ける。

「佐敷で宮原氏を取り戻したものの相手が多数のため、佐敷警察署に宮原氏の保護を依頼。（警察立ち合いで）話し合った結果、民政党、政友会、佐敷警察署の警官3人で熊本市に宮原氏を送ることになった。途中、熊本市の川尻付近で政友会の壮士多数が待ち受け、宮原氏は危うく奪取されそうになった。しかし、警察官もいたのでこれを防ぎ、ようやく熊本市草葉町（県庁の近く）の旅館に着いた。

旅館には民政党の大塚勇太郎幹事長、吉田安議員が待っていた。ところが、政友会の壮漢数十名が旅館になだれ込み、宮原氏の奪取を企てた。大塚幹事長は『人の部屋で何を妨害するか』と怒鳴ってみたが、多勢に無勢、仕方なく宮原氏を政友会側に渡そうとしたところへ、政友会の中野猛雄幹事長が現れた。中野幹事長は『宮原氏を貸せ（戻せ）』と強談判である。ここで宮原氏は『球磨の地元は多良木実科高女の県立移管を熱望している。このように双方からの圧迫があれば、私はもはや県議会への出席もかなわぬ』と訴えた。大塚幹事長はこの騒然たる雰囲気に『別の旅館に民政党の古閑又五郎県議がいるので、そちらで話を続けよう』として大塚幹事長ら民政党関係者は別の旅館に移ったが、結局待つまでもなく宮原氏は政友会の虜《とりこ》になり、姿を見せなかった」

この流れを見る限り、宮原氏連行の当初の主犯はあくまでも政友会である。この事実が掲載された翌日（12月17日付）、九州新聞は「九日紙の曲折」との見出しで、反論記事を掲載した。曲折とは「まがりくねった主張の意」だが、この場合は「でため」であろう。九州新聞が書いた「久米村―熊本」間に関する宮原氏連行事件の真相を読むところである（この記事には宮原氏の地元友人で、政友会の壮士が関係してくる）。

「宮原氏が一時民政党に行ったのは、多良木実科高女の県立移管を昭和5年度から実現するという約束があったからだ。しかし、県予算ではその気配もなかった。宮原氏は極度に憤っていたが、逆に民政党に熊本市の旅館に監禁された（監禁の経過は不明である）。だが、宮原氏は旅館を脱出し久米村に帰り着いた。ところが、実家には民政党の壮士と巡査数名が張り付き、危険なので私（政友会の地元壮士）と友人に身辺警護を依頼してきた。宮原氏は『熊本市の政友会に戻って一連の経過を説明したい』という（この時点までの経過説明で連行と保護の立場が異なる）。

３人は車で佐敷経由で熊本市に向かったが、民政党の壮士と巡査たちが追跡してくる。命からがらで佐敷に着いた。そこで追いつかれ、もみあいになった。その際、友人がけがをした。佐敷警察署の道家一三署長が仲裁に入り、私たちと民政党の壮士、それに佐敷警察署の警官が同道して熊本市の旅館に向かった。

熊本市の旅館には民政党の大塚幹事長や壮士数十人が待っており、またもや険悪な状態になったが、ここに熊本北署から警察官数十名が駆け付け、警戒にあたった。結局、今後のことは宮原氏の『自由意志に任せる』ことで話し合いがつき、双方別れた。その後のことは宮原氏の政友会復帰で決着した通りだ」

以上のように、双方の主張は真っ向から対立している。この中で、警察官がいきなり登場するのも変な話だが、政友会としては「警察と民政党はグルだ」と言いたいのだろう。こうした主張は、宮原氏が別府に連行される時、木山警察署の警官が登場した場面でも見られる。それだけ、警察不信は強かったと言えよう。この連行事件の真相は不明なままだ。

荒れる県議会

こんな前哨戦を抱えながら12月県議会は続いた。とにかく、「参事会選挙」をいつ行うかとの駆け引きで、開会時間が遅れたり、政友会議長の不信任案が出て混乱したり、ちょっとした言葉尻を捉えて審議がもめるなど〝荒れる県議会〟に県民はあきれた。

険悪なムードが流れる県議会で、傍聴席にいた政友会、民政党双方の壮士たちが殴り合いをした12月４日、大森知事は「政争県熊本」の実態を嘆いた。

だが、これぐらいで嘆いては始まらない。

12月５日の県議会はまるで活劇である。

前日の傍聴席での殴り合いも、もとをただせば参事会選挙の実施時間が遠因だ。宮原氏が復党した政友会は数の論理で勝算を見込み、民政党は事態の変化で少しでも選挙を遅らせたい。そうした思惑が交差する中で5日、緊迫の県議会が再開した。

県議会の控室には政友会側が熊本支部長の松野鶴平代議士に中野猛雄幹事長、民政党はこれまた熊本支部長の深水清代議士と大塚勇太郎幹事長が構え、大詰めの駆け引きを始めた。県会議員は全員出席である。傍聴席は満員。

この殺気立った空気を読んで、政友会の古閑忠平議長が時間延長の宣告をした途端、「待ってました」とばかりに民政党議員が議長席に詰め寄り、食って掛かった。時間延長の差配が遺憾であるという理由だが、むしろこれはこじつけであったろう。これに合わせて他の与野党議員がワッとばかりに押し寄せ、ひな壇はあっという間に混乱の渦となった。

現代の日本の国会で賛否別れる議案の強行採決が行われると、委員長席に与野党の議員がドッと集まり、押し合いへし合いと怒号に包まれる光景がテレビのニュース番組で見られるが、あれと同じような場面である。いや、あれ以上か。

興奮が極度に高まった時、傍聴席から新聞記者の腕章を付けた男が混乱に乗じて議場になだれ込み、議長席に駆け上った。そしてアッと言う間もなく古閑忠平議長の胸ぐらをグイッとつかんで引き倒したのである。それればかりか馬乗りになって叫んでいる。議場を監視する警察官も手が出せないほどの素早さだった。

これを見てとっさに立ち上がったのが、ひな壇に並んでいた立田清辰警察部長（明治23年生まれ、岐阜県出身、東京帝大卒）。暴漢に背後から組みつき、警察官に引き渡した。さすが警察部長と言いたいところだが、その後の警察官の措置が甘かった。いったん議場外に引き出された男はクルリと向き直って再び脱兎のごとく議場に躍り込み、今度は議場を温めていた石炭ストーブを蹴倒したのである。議場は燃え盛る真っ赤な石炭が飛び散り、床の絨毯を焼いて煙がもうもうと立ち込めた。火事場寸前である。

男は、「政友会は皆殺しだ」と叫んでいる。椅子を投げ、火鉢をつかんで手あたり次第の暴れようである。

議員席や傍聴席は全員総立ちになり、暴風雨の中にいるような混乱が出現した。慌てた宮原議員が議会の窓から逃げ出そうとする姿が目撃されている。

この騒動は40分続いた。

議会は直ちに閉会され、夕刻、熊本地裁の検事局から大里與謝郎検事が臨場。現場検証とともに男を北署に連行、取り調べが始まった。

九州新聞はこの時の情景を以上のように細かく描写し、「空前の一大不祥事、参事会選挙を引き延ばすための民政党の計画的暴行」と非難した。男（31）を名指しし、民政党の顧問弁護士が使っていた院外団の暴漢である、と断言している。

対する九州日日新聞はこれまた対称的である。それによると、混乱の状況は九州新聞と同じ描写だが、混乱の原因となった事実が異なる。

政友会の度重なる議会引き延ばし工作で、議場には不満が渦巻いていた。5日はこれまた議長が開会後直ちに時間延長したので、民政党が抗議したの

暴漢が暴れた県議会議場を検証する大里検事ら
（昭和4年12月7日付、九州新聞より）

を見て傍聴席にいた壮士が興奮、議場に乗り込んで議長に食ってかかった。「ストーブが何者かに蹴倒された」ので、議場に白煙がこもり、修羅場になった（議場の混乱中に誰かが蹴倒したようになっている）。結局、この日の審議はできず、閉会して日程延期になった。

議会の混乱を経て再開したのは9日。5日の議場が大荒れしたので県民の関心も高く、再開日には大勢の傍聴人が詰めかけた。しかし、閉会中に政友会、民政党で協議が進み、新たに傍聴人取締規則が改定された。人数を制限し、一部では議員の紹介状なしには入場できないようにした。凶器を持ち、酒に酔ったものは入場不可にした。おかげで議会棟の窓にへばりついて耳を傾ける傍聴者もあった。

ここまでが、拉致前哨戦の前触れである。

10日、実はこの朝、第1章で述べた宮原氏の拉致事件が始まるのだが、その後も県議会は宮原氏不在のまま参事会選挙の実施を巡って腹の探り合いが続く。開会時間の遅れや議事進行の不手際を巡って議長が交代し、宮原県議の拉致監禁まで明るみに出る。政友会の大森知事攻撃は増々激しさを増し、立田清辰警察部長は青木善祐《よしすけ》氏（明治25年生まれ、延岡市出身、中央大卒）に交代した。それに伴い、政友会は警察の事件対応を鋭く追及した。大里検事による拉致事件の取り調べも並行して進んだ。

刻々と会期末が近づく中で、宮原県議は門司に留まったままである。14日には民政党が熊本市の公会堂に支持者3000人を集めて県民大会を開き、「熊本県議会は解散せよ」と気勢を上げた。

そして、19日には突如として民政党から動議が出され、「多良木実科高女の5年度県立移管」が成立したのである。あれだけ予算削減で成立は不透明になり、議会ももめていたのにどうして成立したのか。

その原因は、政友会が動議への反対討論をして採決延期を求めたが否決され、退席する戦術を採ったからである。当日、自派の議員2人の欠席もあり、流会を目論んだ。しかし、県議会は過半数の議員在席で審議が成立する。政友会議長はその職責上議場に残らざるを得ない。ところが球磨郡選出の政友会県議、税所鎮己氏が居残った。つまり、政友会側は欠席議員と宮原氏の不在、それに税所氏が欠けたことにより都合19人が空席になる形になった。逆に議会は民政党の18人と議長、税所氏が残って20人。これで過半数になり、審議が成立。賛成多数で多良木実科高女の県立移管は成立したのである。

政友会にとって税所氏の居残りは実に誤算であった。と、いうより、税所氏は球磨郡区選出の県会議員として苦渋の決断であったろう。党議に反する行為ではあったが、やはり地元の利益を優先した。後で触れるが、かつての人吉中学校設立問題で苦虫を噛まされた経験が蘇ったのかもしれない。

民政党側はここぞというタイミングで多良木実科高女の県立移管を持ち出した。この時点で事実上、勝負はついた。

『多良木高校50年史』によると、この日の夕刻、「ケンリツイカンカケツス」の電報が届いたとある。球磨郡の人々にとってはそれだけ朗報だったのである。

そして、県議会は24日、最終日を迎えた。参事会選挙の行方に興味が集まり、傍聴席は満員になった。第一高女（現県立第一高校）や九州学院高校の生徒まで訪れた。午後3時前の開会で、出席議員は宮原氏を除く39人。予算修正の動議や休憩をはさんで午後10時25分、定員10人を決める参事会選挙が始まった。

結果、政友会は議長と今度は税所氏も加わって21票を振り分け5人が当選。本当は6人欲しかったが、1票足りない。民政党は18票をこれまた5人に振り分けて双方五分五分。議会構成要件と議会投票権を使い分けた民政党の作戦勝ちであった。というより宮原氏の不在がいかに大きな影響を与えたかということであろう。波乱の県議会が幕を閉じたのは午後11時過ぎだった。

宮原県議が熊本に帰って来たのは翌25日である。

この騒ぎで議会最終日に風邪で熱のあった鹿本郡選出の政友会県議・坂本順蔵氏は病魔を押して出席した。「どうしても県議会に出席しなければ参事会選挙が危ない」との使命感からだったが体調は戻らず、議会後の翌年5月、腎盂炎が悪化して亡くなった。享年39。〃殉職〃同然の訃報に誰もが驚いた。代わりの補欠選挙で当選したのは民政党系だった。政友会は痛手を受けた。

「宮原県議拉致事件」の顚末は政争県・熊本を象徴する歴史的な事件であった。

第3章　政争県・熊本

宮原県議拉致事件の渦中にいた大森吉五郎知事は、昭和4年7月15日、熊本に赴任した際、職員に向かってこう訓示した。それは県の広報誌にも掲載された（概略、現代文に改めた）。

「熊本は政争の苛烈なる地であります。その弊害は多岐にわたり、県庁職員が政争の渦中に入り込み、策動をすることも混乱を高めている原因です。中正を歩み、正義を践《ふ》むべき国家の官吏が自らを卑しみ、軽んじ、甚だしきは政党の走狗となっていることは不心得甚だしきものがあります。熊本が産業、教育、土木、あるいは警察において全て先進地に劣っているのは全く政争に原因があると言っても過言ではありません。県庁職員は政党政派を超え、百十万県民を指導する立場にあることを自覚してほしい」

かつて熊本県に二度赴任、学務課長、内務部長も経験したこともあるだけに、その実情にはほとほとあきれていた様子がありありだ。しかも、県庁職員向けでありながら、

熊本県知事・
大森吉五郎氏
（昭和4年、九州
日日新聞より）

その矛先はギラリと県会議員にも向けられている。

この訓示に対して、政友会の議員が暮れの12月議会で早速かみついた。前にも述べたが、野党になった政友会としては年度途中で予算をバッサリ切られ、憤まんやるかたない場面でもあったので、「知事攻撃」には格好の材料となった（『熊本県議会史』より抜粋）。

「知事は政争の弊害を述べ、劣等県のように言うが、その根拠はどこにある。警察を政党の走狗になっていると述べているが、先の御大典（註6）では熊本から10人も皇室警護についた。優秀だから全国から選ばれたのだ。県出身の小橋一太《いちた》（明治3〈1870〉年生まれ）文部大臣も臨席した県主催の教化総動員大会（註7）で、大森知事は『本県の教育は非常に進んでいる』と述べたではないか。また、知事は県庁職員があたかも悪辣なことをやっているように言うが、どんな実態を把握しているのか」

註6　大正天皇から昭和天皇に代替わりする時に行われた皇室儀礼。数々の行事があり、全国から警備の警察官が集められた。
註7　経済困難、思想困難を克服するため、小橋文部大臣が提唱して各県で行われた県民大会。

この質問に対して大森知事は一歩も引かない。それればかりか、質問議員に向かって、ここぞとばかりに言い放った。

「内務省の基準では熊本県は二等県の末席だが、福岡県には負けている。（愛媛県など）三等県も経験したが、そこまでは落ちていない。九州の中央にありながら、実質が伴っていないのはどうしたことか（その原因は政争にある）。私の苦言を快く受け入れてもらえれば、熊本県の発展は間違いない。どうぞご理解を賜りたい」

まさに当を得た訓示であり、県議会の論戦であったろうが、大森知事自身は民政党系であり、少しは割り引いて聞く必要もある。この議会問答を九州日日新聞の記者がコラムで皮肉っている。「政友会の質問は全く愚問であった。傍聴席からは『(政友会) 参ったかぁー』とのヤジが飛んだが、その通りであった」

議会の丁々発止は続く。

政党間の抗争は、当時の日本では徐々に憂うべき実態となって現れていた。徳富猪一郎（蘇峰）がこのころ著わした『日本帝国の一転機』(民友社) に政党政治の弊害を指摘した一文がある。昭和4年と言えばこの年、蘇峰は「西南戦争50年」の記念講演で熊本に来て、熊本市の研屋旅館に泊まっている。『日本帝国の一転機』によると、

「今の世には党是があって国是がない。政党政治は日本政治のガンであり、その弊害は市町村の自治を破壊し、食い物にしている。加えて官僚政治がその弊害を倍加させている。民政党も政友会も争いを戒め、党派的見地を離れて国民のために働くべきである」

蘇峰にしてみれば、当時の政党政治の放埒ぶりは我慢ならなかったのであろう。古

里・熊本はその特徴が如実に表れていた。

熊本版「ゲリマンダー事件」

政党と熊本県庁を巻き込んだ有名な歴史的事件としては、選挙区を都合のいいように変更するため、県会議員を抱き込んだ「ゲリマンダー事件」(註8)が今も語り継がれている。この事件には先の宮原県議拉致事件で終盤に重要な役割を果たした球磨郡区選出の税所鎮己議員が関係してくるのもまた因縁じみている。県議会史などによると、大正11年10月、臨時県議会が開かれた。この議会に対して当時の中山佐之助知事（明治9〈1876〉年生まれ）が提案したのが選挙区割りの変更と定数1減の法案だった。中山知事は香川県出身で東京帝国大学を卒業。内務省で熊本県の内務部長の経験もあった。政友会系であったから、前年の大正10年5月に熊本に赴任した際も県内の政争は知り尽くしていた。この時の政党勢力は憲政会（後の国権党―民政党）22人、政友会18人。県政運営についていては少数与党であるだけに都合が悪い。今後のことを考えて憲政会の切り崩しを考えた。そのためには政友会有利の選挙区割りを作るのが手っ

税所　鎮巳（政友、元）
長崎市鎮西學院半途退學後小學校教員を勤め明治三十八年九月球磨郡中原村長、明治四十年九月縣會議員に當選、郡會議員たること三期、郡會議長となり其間村會議員にも當選、大正八年十月縣會議員に當選、年五十七才

税所鎮己氏（九州日日新聞より）

取り早い。

知事による提案理由では、まず大正8年より人口が7万8000人減ったことを理由に定数を1減の39にし、逆に納税率を下げた選挙制度の変更で有権者が7万人から13万人に増えたことで開票事務が煩雑になった。これを避けるためとの理由で県内13の郡市はそれぞれ全1区だったのを29の選挙区に分割した。熊本市は従来なら政友会候補は当選の見込みがないため、定員2人を4人に倍増して2分割、定員5人の飽託郡は2人減らして3分割、下益城郡も3人を2人にして2分割した。区割りの中身を細かくみると、町村区割りで政友会の議員が強い地盤を中心に囲い込み、民政党議員と互角の地区は政友会が入り込む素地を作った。例えば、玉名郡の場合、定員4人こそ変えなかったが、全体を3分割。政友会が強いと見た町村をまとめて2区作り、残りの1区は定員2人のうち、1人は必ず政友会が当選するよう仕向けたのである。これこそゲリマンダーである。

註8　１８１２年、米国・マサチューセッツ州のゲリー知事が、所属する政党に有利になるよう選挙区の区割りをした。区割りの形が怪物サラマンダー（火蛇）に似ていたことから掛け合わせて作られた言葉。

知事提案による選挙区の区割り変更は、誰が見ても噴飯ものだった。このため、憲政会も対抗案を作った。両案審議となれば政友会は少数党だけに不利である。しかも議長は憲政会だ。知事提案を通すには相当の荒業が必要だ。そこで、天草・本渡港を改築してほしい旨の陳情が届いていた知事は、これを餌にした。天草郡区選出の憲政会県議を「改築予算の1年繰り上げ」でもって説き伏せ政友会に転籍させた。これで21対19。次いで、菊池郡区選出の憲政会現職が死亡したため補欠選挙になり、政友会候補をぶつけて勝ち取った。これで20対20の同数。議会で議長を取って議席の過半数を確実にするためにはあと1票要る。

ここに登場するのが球磨郡区選出、憲政会（国権党）の税所鎮己県議である。人吉、球磨の選挙区人口は県内で3番目なのに、山間地であるが故に中学校がなかった。県では「一郡一校」の基本方針のもと既に宇土中、御船中、大津中の新設が決まり、人吉・球磨地区ではこの数年来、地元に中学校（旧制、現人吉高校）が欲しく県に陳情を繰り返していた。中学校への進学率を上げるためにも新設は地元の悲願でもあった。

中山知事は巧妙に仕掛けた。地域の村長たちをけし掛けて政友会に入党させたり、国会議員の歓迎会を利用して政友会を宣伝した。税所県議の出身地で大量の政友会入党を演出し、九州新聞で大々的に広報した。利権と職権をフルに使っての攻勢であり、税所県議を真綿で締めるように囲い込んだのである。

こうして中山知事と税所県議の交渉が臨時県議会の前日、知事公舎で行われた。選挙区割り法案への賛成と政友会への転籍を条件に人吉中学校の設立を来年度に認めるという約束である。

だが、税所県議は疑った。「知事は政権が代われば飛ばされる。次の知事が確約してくれるものでもない」。疑念は当然だ。当時の県知事は官選であり、政権の意向次第ではいつでも交代させられる。中山知事交代の噂も耳にした。この思いを憲政会の顧問弁護士に打ち明けて相談したところ、弁護士は知事と交渉。知事は重ねての提案をしてきた。それは、内務部長をこの約束の保証人にするというのである。

当時の内務部長は後に熊本県知事になる斎藤宗宜氏である。昭和2年に第1回の普通県議選があった時の知事である。「仮に私が転任しても斎藤君は残るでしょう。この約束は絶対守られます」。こうして税所県議は政友会に移ることを内諾した。

10月5日、臨時県議会は最終日を迎え、これまた冒頭から議会はもめた。憲政会としては「こんなでたらめな選挙区区割り法案など飲めるものではない」と強硬だ。議会構成は五分五分であり、法案は通らないと計算した。だが、ここに落とし穴があった。当日朝、なんと、税所県議が議場に来ないではないか。

実は、この日の未明、税所議員の熊本市の自宅を訪れた者がいた（一説には県職員とも言われている）。知事側は税所県議の揺れる心情を懸念し、政党転籍を翻意しないよう知事公舎に連れ込んだ。そこで、軟禁状態にした。

ここからが駆け引きの真骨頂である。閉会時刻数分前、憲政会議長が閉会を宣言すると、憲政会議員は一斉に退場した。これで議会は流れると踏んだ。ところが、この場面に税所県議がスッと姿を見せ、着席。議会にいるのは政友会側21人。過半数を作り出した。スキを見て政友会の仮議長が選出され、審議の時間延長が決まり、選挙区区割り法案は賛成多数で可決した。この間、数分である。九州新聞は「一瀉《しゃ》千里で議事が進行した」と書いた。

この時代の議会は過半数獲得が絶対要件である。過半数さえ得られれば議長の選出、議会の開閉会、法案の賛否など問答無用のごとく案件を処理していく。少数意見の尊重など民主主義の基本的なルールなど存在しない。だから、各政党は過半数獲得に血道を上げる。

憲政会は見事にやられた。税所県議は人吉中学校の設立議案が可決した翌日から３日連続で九州新聞に「憲政会を脱し政友会に入党することを声明す」との広告を出した。併せて出身地・中原村の区長や議員、村民４２９人、川村（現相良村）の５０８人の名前を掲載した同じ入党広告が連日紙面を飾った。

人吉中学校は２年後の大正13年、県立中学校として新設された。税所県議は人吉中学校創立の「人柱になった」と言われた。

後年、政友会所属の宮原県議拉致監禁事件があり、参事会選挙が民政党の描いたように行われた。それと全く同じような手法が既に７年前の選挙区区割り法案審議でも使われていたのだ。歴史は繰り返す。

中山知事は臨時県議会が終わった10日後、満州の関東庁に転勤した。栄転だったという。その後、税所県議は政友会所属で通す。

翌年の大正12年10月5日に行われた県会議員選挙では政友会が圧勝して24人、憲政会15人だった。選挙区割りは見事に功を奏した。

選挙後の12月通常県議会を前に、九州新聞は見解を表明した。

「憲政会はいつもの通り、『政友会が不正に党勢の拡張をした』というが、政友会は世論を背景にこれを撃破する。今後は穏健着実に公益の開発、民福の増進を図って行きたい」

勝てば官軍である。

歴史に残る「岳間事件」

議会の駆け引きはこのように手段を選ばず、今日からみればまるで〝手段を選ばぬ〟強引なやり方だが、熊本県ではこれ以上に歴史に残る大事件が起きている。徳富蘇峰が「地方自治の破壊」と言ったのも無理はない。全国的にも有名になったのが、山鹿郡（現鹿本郡）で実際にあった「岳間《たけま》事件」である。事案は少し古いが、政争県・熊本の典型例とも言われているので、歴史をたどってみよう（『山鹿市史』、『鹿北町誌』などを参考にした）。

岳間村は熊本県の北部にあり、福岡県境に接している。村はその後、合併して鹿北町になり、現在は山鹿市。岳間茶、岳間渓谷が有名だ。

事件が起きたのは明治25年、まだ明治維新の残り香が漂うころである。2年前の明治23年7月には第1回の衆議院議員選挙が行われている。大隈重信や板垣退助などが活躍し、政党も大同倶楽部、改進党、愛国公党など今では見覚えもしない政党がたくさん出現した。選挙といっても納税額によって有権者が決められた制限選挙であり、有権者は一部の特権的身分であった。主義主張よりも人間関係が優先される場合もあったようだ。だから政党の離合集散も常で、それがまた地方政治にも波及した。

岳間事件に登場するのは国権党と九州改進党（自由党）である（鹿北町誌は「改進党」、山鹿市史は「自由党」としているが、どちらもルーツは同じであり、ここでは「改進党」を使う）。この両党の成り立ちこそが事件の核心だ。暴力、刃傷、発砲、監禁とまるでヤクザもどきの抗争が繰り広げられた。

国権党は、明治22年に設立された熊本特有の地方政党である。その歴史は古く、明治10年の西南戦争の後に設立された同心学舎に連なる紫溟会《しめい》を母体にして生まれた。同心学舎は濟々黌の前身であり、紫溟会は九州日日新聞の源流ともなっている。皇室尊重を第一に、国権の拡張と地方自治、保守の忠誠を掲げて勢力を拡大、熊本での一大政治勢力となった。〝学校党〟系とも言われ、第1回の総選挙にも党員を立候補させ、熊本の定員8人に対して6人を当選させる実力を持った。

設立当初のメンバーにいた佐々友房は西南戦争に加担したことで有名であり、大正、昭和とその流れを継いだ安達謙蔵氏は長らく熊本の保守政界を牛耳った。国権党の系譜は後に民政党になる。

対する改進党（自由党）は明治14年に結成された日本最初の全国的な政党である。板垣退助をトップに尊王論、一院制、民本主義を掲げて全国的に政治活動を展開、もちろん第1回の総選挙にも打って出た。この時の愛国公党、大同倶楽部と合併して立憲自由党となり、後に憲政党になった。後年、憲政党は政友会の流れになる。九州改進党は自由党の別動隊である。前出の中山知事によるゲリマンダー事件で知事が目の敵にした憲政会は別の政党である。

熊本では国権党に対抗する政党で〝実学党〟系とも言われたが、国権党の保守国粋主義に対する自由民権主義は熊本の地では分が悪く、劣勢は否めなかった。

こうした状況下で山鹿郡はルソーの民約論や農民運動の精神を校是とする〝植木学校〟が存在したこともあり、熊本自由党の最強の拠点だった。特に岳間村の改進党は「鉄壁の陣」（『山鹿市史』）を誇っていた。だが、国権党は県政の力をバックに次第に触手を伸ばし、じりじりと勢力を拡張してきた。村長も狙っていた。両党の衝突は必然であったろう。

その発火点になったのが、明治25年5月28日の村会議員選挙（定数12）である。村の戸数は約４００戸、これに伴う有権者（制限選挙）は２８０人。このわずかな有権者を巡って岳間村は前代未聞の混乱に陥った。

村議会選挙は半数の6人の改選が行われたが、選挙後に国権党側から「不正選挙が行われ、選挙人名簿の不備もあった」との異議申し立てがあり、選挙を管理した県の担当者はこの異義を受け入れてしまった。県を支配する国権党の言い分をうのみにしたと言われている。再選挙は5月28、29日に延期された。指摘したのが国権党側だったので、実情は「敗戦必至」を見込んで再選挙に持ち込んだと噂になった。

こうなると両陣営とも負けられないと奮い立つ。

九州日日新聞は言う。

「5月24日、我が党・国権党の同志は山鹿より米二十俵、味噌一樽、草鞋《わらじ》百足を岳間村に送った。山鹿、来民地方の国権党員は岳間村同志の困難を救うため、十数名が出向き自由党を圧倒した」

まさに、山鹿、鹿本を巻き込む騒乱に発展しつつあった。

さらに、

「自由党（改進党）は応援として、筑後地方（福岡県北部）の凶漢8、9人、佐賀県からは一日60銭の日当でもって雇い入れた暴徒6人を送り込んだ。ことに佐賀からの応援組は短銃も持っていた」

「風雲急を告げる」とはこのことを指すのであろう。山深い小さな山村が沸騰寸前の鍋の中のようになった。険悪な状況である。両派は燃え上がった。引くに引けない、意地もある。

再投票予定日の5月29日朝、ついに暴力沙汰が起きた。引き金を引いたのがどちらだったか、当時の詳しい資料がないのでどの史誌も断定はしていない。ただ、改進党の党員数百人が村内の国権党事務所を襲撃、家屋を半壊状態に打ち壊した。興奮は続き、次いで国権党員が選挙人名簿を複写するため役場に出向く途中で、後ろから鉄砲で撃たれ、ふくらはぎに大けがをする。暴力沙汰が拡大した。

抗争はさらに続く。

国権党員が鉄砲で撃たれた2日後、再び改進党が国権党事務所を襲ってくるとの情報があり、帰宅を考えた国権党員は難を逃れようと遠回りしたところ、村内の橋の下で待ち構えていた改進党員に襲われた。ここで乱闘になり、国権党員は持っていた一貫目（3・75㌔）の鉄棒を振り回した。改進党員は刀で切りかかり、橋の上での激しい乱闘になった。この時、国権党員は勢い余って橋から川に落ちた。時代劇を見るような活劇シーンである。

この争いで、国権党員は鼻を切られて深さ5㌢、全治15日間の傷を負い、改進党員は鉄棒で殴られ、顔面と左手に打撲傷を負った。この事件は後に傷害事件として裁判になり、改進党員は重禁固2月、国権党員は無罪だった。

村議選は延期、延期が続き、当初の予定日より4カ月延びて10月7日の告示となった。争いはまだ続く。これからが最大のヤマ場である。

攻める国権党は何としても劣勢を挽回したい。時の警察勢力は県政を配下に置く国権党が支配している。この権力を利用した（このころの警察組織が政党に利用されることについては第4章で詳しく述べる）。一方、憲兵隊は改進党寄りだったと言われている。

告示前の9月29日夜、周辺町村の国権党員も駆け付けて数十人で村内の有権者50人を誘い出したのである。その理由は「同志保護」。村内の同志が何人も改進党に襲われていたので選挙の日まで守ってやると言う。こじつけである。そして、監禁同然に村内の土蔵に閉じ込めてしまった。山鹿警察署や周辺の警察からも十数人が協力しているとあれば有無を言わさぬ実力行使であったろう。

この時の様子を『肥後政友会史』（高田惠統著）は次のように述べている。

「国権党の暴徒は深夜に蜂起して改進党の有権者を迫害、無理無法に引き出して連行、屋外に引き摺り出しては殴る蹴るの打擲を与えた。

また、土蔵の戸に鍵をかけ、二十日間余り一歩も外に出さなかった。家族が駆け付けて愛想嘆願しても国権党の壮士が日本刀、槍、鉄砲を持って追い返し、全く取り合ってくれない。警官も見て見ぬふりをし、挙句には（改進党の村民を）不穏分子として解散を命じられた」


ここからの動きがまた目まぐるしい。

思い余った岳間村の改進党は熊本市の本部に駆け込み、救出を頼み込んだ。驚いた本部では青壮年の決死隊を編成。竹槍、日本刀を持って岳間の国権党事務所に襲い掛かった。多勢に無勢、逃げる形の国権党員が踏みとどまったのは、襲撃を警戒中の警察官が守ってくれたからだ。応戦、双方のにらみ合いが続いた。周辺の町村から改進党の援軍が数百人駆け付け、あちこちで小競り合いが続く。負傷者も続出して村は大騒ぎになった。こうなれば、もう小さな戦争である。

村役場の幹部は事情聴取のため山鹿警察署に引っ張られ、一時は役場ががら空きになったという。

これを治めたのは熊本から駆け付けた40人の憲兵隊である。憲兵隊ににらまれてはいかに警察官、壮士と言えども手が出せなかった。

10月14日、県から選挙の中止命令が出た。

事件終息は11月11日とあるから、騒動は半年も続いたことになる。この時点で監禁されていた村民は解放された。監禁期間については20日、35日、40日間という説もあるが、『山鹿市史』は実質5日間ではなかったろうか、としている。

村議選は11月18日に行われた。憲兵隊や警察は岳間村に大量派遣、他村の者は1人も立ち入りを許さず、厳重に監視した。

選挙は平穏に進み、国権党は完敗、改進党は全員当選した。村民は国権党のやり放題を許さなかったようだ。

これだけの騒乱になれば当然、全国的にも注目される。選挙権を強引にはく奪する事件である。東京、大阪発行の新聞も大々的に事件の成り行きを報道した。

岳間事件、ゲリマンダー事件の後も、熊本県内では政党間の争いが各地で続いた。地方の村々にまで及んだ政争の根は深い。

天草の役場襲撃事件

例えば、天草郡中村（前大矢野町、現上天草市）では、昭和2年8月に役場襲撃事件が起きた。その原因は役場の移転を巡る争いである。移転に反対していたのは民政党。これに対して政変で県知事に赴任してきた政友会系の斎藤宗宣知事が突然、移転を許可した。内閣の政変によって全国の知事が交代するのは熊本県でも例外ではない。斎藤知事はこれまでにも本著で何度も登場してきた熊本通の県知事である。宮原武馬氏が補欠選挙を経て2回目に県会議員選挙に当選した時の知事であり、この年の暮れの県議会はもめにもめた経緯がある。

本論に戻る。

民政党は現在の中村役場が使えないわけではなく、村財政が厳しいことを理由に県に対して何度も移転反対の陳情をし、県からも一時は「移転の必要はない」との言質を得ていた。それなのに県知事が代わると一挙に移転を強行、建設費の予算まで計上してしまった。

ちょうどこの時期、「県税戸数割異義申請（家屋税附加税）」に関する村議会が招集された。この県税戸数割というのは、明治11（1878）年に制定された府県税で、生活者一人ひとりに課税する仕組みである。この税制を割り増しする措置を村は決定し、議会に諮ろうとした。いわば増税である。これに対して村の婦人たちは怒り心頭、夫たちの尻を叩いた。「しっかりしろ」という檄である。これに奮起した民政党系を中心にした村民80人が村役場に押しかけた。

　議会は罵声が飛び交い、議事進行は度々中断、ついには傍聴人の一部が議場に乱入して議場は荒れ狂った。そして、議会棟の外に控えていた傍聴人の一部が投石を始め、窓ガラスは木っ端みじんに割れてしまった。

　こうなると、警察の出番である。三角警察署のみならず、熊本の北、南警察署からも応援が駆け付けて住民を鎮圧、19人が起訴された。この事件の証拠物が暮れの県議会で論議になった。それは投げ込まれた石を警察官が〝押収〟、その重さがなんと1個13斤もあるという。今の重さに換算すると7・8キロである。スーパーに行くと、1袋5キロの米が売られているが、あれを抱えてみるとその重みが分かる。警察としては被害の大きさを立証する手段にしたつもりだろうが、いかにも重すぎる。以上のような問答も議会で行われた。

これが役場襲撃事件のあらましだが、底流にあるのは民政党と政友会の権力争いである。両党の政争は婦人まで巻き込んでエスカレートした。

岳間事件や中村役場襲撃事件は政党間の勢力拡張に関係者がいかに血道を挙げたかの証左ではあったが、有権者はまだ限られた一部の男たちだったので、選挙運動も定めやすかった。

この情勢に変化を与えたのは、前にも述べた昭和２年から始まった普通選挙の実施である。年齢、男女の制限はあったが、有権者が一挙に増えた。例えば、熊本県の場合は明治13年の７万７６７２人から昭和３年には27万３８５４人と３・５倍も増えた（熊本県統計書から）。そうなると、必然的に有権者の囲い込みも変わらざるを得ない。選挙戦略の見直しも必要だ。ここで登場するのが、徳富蘇峰をして「選挙の神様」と言わしめたあの安達謙蔵氏（元治元年生まれ）である。

熊本国権党の創始者たる安達氏の政治的足跡は、数限りないほどの修羅場に彩られている。ここでは、選挙の采配を中心に述べる。

徳富蘇峰が「選挙の神様」と名付けたのは、第２次大隈重信内閣（大正３〈１９１４〉年組閣）が大正４年３月に行った第12回総選挙の時である。この時の有権者は１

54万人、10円以上の国税納税者で、25歳以上の男性が投票できる制限選挙だった。安達氏は立憲同志会の選挙長を務め、定数381の議会で58人増の153人も当選させて与党第一党に躍進した。第二党になったのが立憲政友会の108人、76人減だから、まさに圧勝だった。

安達氏は大正14年、25歳以上の男子国民に選挙権を拡大させる普通選挙法案の成立に尽力、選挙の仕組みに精通した。そして、昭和3年2月に行われた第16回総選挙（別名「第1回衆議院普通選挙」、定数466）で民政党陣営の采配を揮った。民政党が政友会の田中義一内閣に不信任を突き付けて解散を勝ち取った選挙である。安達氏は選挙区ごとの有権者の緻密な割合、戦略を駆使しての攻防は見事な旗振りと言われた。

勢いを得た選挙戦によって民政党は第二党ではあったが、第一党の政友会との差はわずか2議席、216議席を獲得する善戦だった。否、互角と言ってもいいだろう。そして、安達氏は1年後の浜口内閣で内務大臣に就任、翌昭和5年の第17回総選挙（定数466）ではこれも選挙の指揮を執り、地方警察を最大限に活用。徹底的な選挙干渉を行い、民政党は273議席を獲得する大勝だった。文字通り〝選挙の神様〟の異名を定着させた。

だが、これらの選挙戦こそ後の日本の選挙の悪しき例を形作る先駆けとなったのである。それは、今にも通じる「地盤・看板・カバン」という選挙の裏舞台が出来るきっかけにもなった。利益誘導が露骨に表れた。

各地の有力者や知事、市長、財界人、彼らの権限と職権、財力を巧みに組み合わせて〝浮動票〟を囲い込んだ。警察権力も巧みに利用した。限られた有権者である制限選挙とは一味違った戦略である。そして、このやり方こそが金のかかる、金をかけての選挙戦を繰り広げるもとになった。〝金満選挙〟の素地はこうして生まれた。

と、同時に政争に拍車をかけることになる。

『日本選挙制度史』（杣《そま》正夫著）は指摘している。

「地方行政に対して政党の支配力が浸透してくると、地方人事のみならず、道路その他の土木工事・鉄道敷設、学校建設などが党利党略で動かされることになった。こうした政党政治の弊害は大分、熊本、佐賀、石川、秋田で極めて著しく、これらは政争県の名を持つようになった」

熊本も入っている。

政党間の確執は一層激しくなる。

宮原県議拉致事件のあった昭和4年、中央政界を賑わしていたのは、越後鉄道疑獄事件である。この事件に熊本選出の衆議院議員・小橋一太氏が絡んでいた。小橋氏は旧制五高から東京帝大を出て内務官僚になった人で、政友会から民政党に移籍、大正9年に衆議院議員に立候補して当選し、事件当時は浜口内閣の文部大臣だった。

「疑獄」と言うから、民間から政権側に賄賂が渡る贈収賄事件である。

越後鉄道は新潟県の日本海沿岸を走る私鉄で、順次路線を伸ばしていたが、工事費がかさみ経営が苦しくなった。そこで、国営に移管することを画策、その過程で当時の政権に賄賂を贈っていたのが発覚した。文部大臣をしていた小橋氏にも収賄の容疑がかかった。事件は連日にわたって新聞を賑わし、国民の耳目を集めた。

ここで述べたいのは事件の経過ではない。金の流れだ。

小橋氏は収賄容疑で起訴され、東京地裁で裁判が始まった。この中で、小橋氏は被告人質問で注目すべき証言をしている（以下、昭和5年6月3日付、九州新聞より）。法廷での記録なので政党新聞の記事であろうとも信憑性はある。

それによると、小橋氏は2回に分けて越後交通側から現金を受け取り、１回目の１万円のうち６０００円を熊本の民政党支部に、２０００円を2人の地元県会議員に選挙費用として渡した。また、2回目の2万円はこれもそのまま「熊本県の民政党支部に渡した」と言う。

計3万円である。今の時代なら９０００万円にもなろうかという途方もない金額だ。注目すべきはこの金が選挙用に充てられたという事実である。県会議員選挙は翌年の10月に行われ、民政党は25議席、政友会は15議席で、民政党の圧勝だった。小橋氏は文部大臣を辞任、裁判は一審で有罪だったが、最終的には無罪、職務権限の関わりが影響したのだろう。後に第16代東京市長（昭和12年）に選任された。

昭和4年、5年という年は熊本にとっても政党政治の混乱が特に目についた年だった。地方においても離合集散が目立つ。

上益城郡名連川村（前矢部町、現山都町）では、昭和4年の暮れ、村民１５０人が政友会を一度に脱会し、「中立同盟会」を結成した。実質的には民政党に移籍する動きである。その理由もこの年の選挙で政友会からの干渉が激しく、地方自治を著しく歪めた、というのであった。だが、思い返してみると、この年は熊本県知事が民政党系の大森知事に交代し、民政党は政友会に激しい攻撃を仕掛けていた年でもあり、政争の一端が地方にまで及んでいたと見ることができよう。

また、昭和5年11月19日の九州日日新聞には天草郡選出の県会議員が民政党に復帰したとある。復帰したからには一度政友会に移っていたことであり、ここにも政党間の激しい駆け引きが見られる。

教育を巻き込む政争

ちょうどこのころには県立第一高女（現第一高校）を熊本市中心部の藪の内（現上通り横、オークス通り付近）から京町台の県立商業高校跡に移転させる計画が持ち上がり、ここでも民政党、政友会が対立。第一高女の卒業生や上通り商店街の店主らを巻き込んで大騒ぎになる一幕があった。計画は実現しなかったが、政争は教育をも巻き込んだ。

だが、これくらいならまだ生徒への実害は少ない。具体的に教育被害として見られたのが「第二商業学校」事件であろう。この県立学校は政争に翻弄され、わずか2年しか存在しなかったのである。『熊本県議会史』によると、事の発端は昭和2年暮れの県議会。政友会系の斎藤知事は「県立商業は1校では不足であるので、学級増を考えている」と述べた。県立商業校は熊本城近くの京町台（現熊大付属中）にあり、前出の第一高女の移転とも絡んでいた。このころは、日本中が不況に見舞われ、政府も緊縮財政を強いられており、熊本県の財政も厳しかった。そんな時期の学級増だったが、昭和3年になると第二商業校の新設へと方針が変わった。理由は「他県には商業校は2校、3校とあるのに熊本は1校しかない」と言う。

この方針変更には同じ政友会の宮原武馬議員も疑問を呈している。「公債を募集し、県有財産を売り払うという状況にありながら、何を苦しんで今、商業学校を増設するのか」と質問したが、知事の強引な主張が通り、昭和4年には新設が決まった。この時の知事は民政党系の大森知事。政友会時代のこととはいえ、一端決まった方針を簡単に覆すことはできなかったのだろう。場所は今の熊本県庁そば、熊本商業高校があるところを仮校舎にした。ところが、昭和5年、同じ民政党系の本山文平知事（明治15年生まれ、東京帝大卒、新潟県出身）に交代すると今度は一転、財政難を理由に昭和6年の廃校が決まった。「生徒は第一に行きたがる、第二は就職に不利だ」との理屈付けも出て、生徒は振り回された。結局、第一商業校に吸収される形で第二商業校は消えた。2年の命だった。表向きの理屈はもっともらしく付けられたが、本質は政党間の争いだった。

とにかく、中央の政権が交代する、知事が交代すると政策がくるくると変わる。このように、政権、政党政治の腐敗と混乱が国民に知れ渡り、政治の問題が我が身に降りかかるようになると、国民の政争を見る目は一層厳しくなる。『熊本県議会史』は昭和4年の動きを「政党政治にとって崩落への道をすべり始めた感じのする年であった」と表現した。

この混乱に加担したのが、時の政権に翻弄された警察組織だ。

第４章　政治に翻弄される警察

昭和4年暮れの県議会の途中、参事会選挙を巡って民政党に拉致監禁された宮原武馬県議（第1章参照）は〝爆弾〟を抱えていた。

2回目の立候補になった昭和2年10月の県議選で、参謀役の選挙事務長が買収の罪に問われ、11カ月後の昭和3年9月4日に有罪が確定していた。

この時の違反摘発の模様を九州日日新聞が伝えている。

「湯前、岡原、上、免田の各村では選挙当日から選挙違反が続発し、宮原陣営では数十人が検事の取り調べを受けている。既に家宅捜索を受け、収監された村民もおり、最終的には数百人に上るのではないか。現金1円（3000円換算）と宮原氏の名刺を受け取った村民の一人はこれに困り、投票所に持ち込んで事情を打ち明けたという」

選挙結果については第2章で述べた通り、宮原氏は大量得票してトップ当選した。激しい選挙戦だったようだが、こうして選挙違反の事実が発覚して有罪確定。これを受け、この時の選挙で次点だった民政党の岩崎盛之介氏から宮原氏の議員失格を訴える裁判が起こされていた。

明治22年に制定された衆議院議員選挙法は「訴訟」の項で次のように記した（現代文に改めた）。

「当選訴訟のみを認めることとし、当選を失った者が当選人の当選を無効と認める場合は、当選人の告示日から30日以内に控訴院に出訴することができる」

当時の選挙法ではまだ選挙責任者と候補者の連座責任制度は無かったが、実質的には連座制に近いものだったろう。「当選を失った者」は選挙で次点だった岩崎氏に当たり、長崎控訴院で審理が続いていた。裁判では選挙違反の事実認定よりも、「30日以内での出訴」が争点になった。岩崎氏が提訴したのは「10月８日」で、選挙長の有罪が確定した日から35日目だから、わずか５日間遅れていた。だが、裁判長は味な判断をした。「球磨郡免田村（岩崎氏の住所）と控訴院のある長崎市は43里（１６７キロ）離れており、提訴が少し遅れたとしても（郵便事情などを考慮すれば）効力の範囲内である」と言う。

昭和5年5月、長崎控訴院は「宮原氏は選挙事務長に対する注意義務（選挙違反監視）を怠っていた」と判決した。宮原県議側は大審院（現最高裁判所）に上告したものの棄却されるのは必至だった。県会議員としての仕事は続けていたが、水面下で球磨郡区での補欠選挙が取り沙汰され、政友会、民政党とも候補者擁立が続いた。

九州日日新聞の記事にもある通り、違反を摘発したのは警察ではなく、検察であるところにこのころの警察の立場が如実に現れている。宮原氏が拉致監禁された時も宮原夫人が告発先としたのは熊本地裁の検事局だった。ことほど左様に政治、選挙が絡むと警察は政党から色眼鏡で見られた。

地方課長で在任し

知人も多い

新任熊本縣警察部長

青木善祐氏語る

山形縣警察部長から熊本縣警察部長に榮轉することに決定した青木善佑氏は今年六月大阪府地方課長から學務部長として山形縣に來任次で警察部長を拜命したもので純吏僚の人で縣會では安達内相の乾兒として隨分政友派議員からいぢめられて惱まされたものだ、榮轉の報を聞し官舍に訪へば氏は語る

未だ正式の通牒は受けませんが熊本に轉任することになりました雪國は初めてのことで今年はユル／＼子供たちとスキーの練習でもしやうと思つてゐたのでしたが俄かに轉任することになつてそれも出來ず子供たちは殘念がつてをります、縣會では隨分

熊本県警察部長・青木善祐氏
（昭和4年12月2日付、九州日日新聞より）

宮原県議の拉致監禁事件の最中、昭和４年12月に熊本へ赴任した青木善祐警察部長は「公明正大に職務を果たしたい」と抱負を語り、幹部職員には「警官が政争の渦中に飛び込むのを戒め、警察権の執行はあくまで正義に立脚するものでなければならぬ」と訓示した。

着任早々の警察部長が、ここまで述べなければならないのは、当然のことながら現実の警察活動で行き過ぎ、勇み足、職権乱用が多発していたからであろう。

なぜ、そうなったのか。

『熊本県警察史』（同編纂委員会編、昭和57年）が指摘している。少し長いが引用する（概略）。

「昭和初期、政党は権力主義に陥り、政権獲得のためには倫理的正当性を失うような行為をしばしばした。政争のためにはつまらない問題までも取り上げてこれを利用し、政権獲得とともに中央・地方の官吏の大量更迭を行うなど、政策によって相手政党を批判するよりは、相手政党のスキャンダルを探し、それを衝くことを得意とし、それによってお互いに傷つけあうという愚かしい行為をした。

政権争奪は熾烈を極め、陰謀術策で多数党工作が行われ、政治的に中立であるべきはずの警察もこの渦中に巻き込まれた。警察の中立性のなかった当時は、警察部長は内務大臣が任命し、警察官の任命権は地方長官である県知事にあった。このため政権を獲得した政党は選挙に当たって、多数を得るため警察を最大限利用し、知事、警察部長はもとより、警察署長に至るまで大規模な異動を行った。しかも、警察官の中には、自己の地位の安全を望むあまり、政府与党の候補者の当選を期して、警察本来の職責である公正な選挙取り締まりを行わなかった例もある。こうした悪弊は昭和初期が最も激烈を極めた」

人事異動で敵対警官を一掃

このように、政争県・熊本にあって警察権力は重要な役割を果たした。

前にも度々述べたが、政権が代わると地方の知事、警察幹部はごっそり代わった。例えば、昭和2年4月、田中義一氏を首班とする政友会内閣が発足すると、熊本は斎藤宗宣知事になり、警察部長も木下義介氏になった。すると、1カ月後には県内警察署のうち6人が罷免された。辞令では「依願免」となっているから「退職」だ。

この時の様子を九州日日新聞は「警察界の大嵐」「大異動の渦巻」としてその反響を書いた。つまり、民政党系の警察幹部は一掃された。本渡、高瀬、熊本南、宮地、荒尾、大津の各署長で、南署長などは、新庁舎を建設して20日余りの退任だったから、「憤慨に絶えない」と述べているのは本音だったろう。大津署長は、よほど地域から親しまれ、警察内部でもその指導力に定評があったのか、周辺の町村長たちが退職記念品を贈ろうと計画したところ「1日で500円（150万円換算）が集まった」というから、有能な人材だったのであろう。それでも県知事側は容赦しない。だから、「実に同情に堪えぬが、いずれ復活するであろう」（九州日日新聞）としているのは、政権が代わればまた登用されるとの意を含んでいる。

実際、この時の人事で復活組もいた。以前に民政党政権になった際に免官になり、この時の政権交代によって新たに熊本南署に配属された警部の例は、その最たる人事だった。警部はほどなく本庁の警務課長に抜擢された。警務課長と言えば、人事全般を取り仕切る要職だから、免官組は驚いた。なぜならこの警部は復活するまでの間、球磨郡政友会支部の常任幹事をしていたという。政変で免職された警察官は「警察浪人」とも呼ばれ、選挙では地域事情を熟知しているだけに大活躍する。

暮れの県議会では早速、民政党が疑問を呈した。「組織の中で人事行政を預かる人は公正であるべきなのに、政党員真っ黒くろけの人物を登用するのはいかがなものか」とただす。斎藤知事は「常任幹事をしていたというのは知らない。任用後の行為が正しければ問題ない」とした。確かにそうだが、警察組織で「それでいいのか」との素朴な疑問はあったであろう。しかし、当時の警察人事からすればそんなに無茶な話ではなかった。

人事だけではない。予算にも突っ込みが入る。県議会が開かれるたびに野党となった側は警察予算、選挙干渉についても厳しく追及した。

焦点の一つに昭和3年度の警察費の予算増額が俎上に上った。予算総額802万円（240億円換算）で、前年当初予算より40万円（12億円換算）増えた。増加額のうち最も増えたのは農業、工業など産業を奨励する勧業費の7万6000円（2億2800万円換算）だったが、2番目に増えたのが警察費の4万9000円（1億4700万円換算）で、土木費や教育費よりも手厚く、民政党はこの増え方に牙を向けた。

知事部局は警部補、巡査の給料が他県より低いためこれを増額し、刑事部門を増員することや制服費、出張旅費も増やさざるを得ないと具体的にその金額を上げて説明する。

警察費が増えることに民政党としては敏感にならざるを得ない。それは、いろんな難題が我が身に降りかかってくるからである。同時に議会という公の場で警察活動の問題点をただすことができる絶好の機会にもなった。

民政党は「刑事を増やせば各選挙区で選挙干渉が増えるのではないかと懸念している。賞与を増やし、本来の犯罪捜査に費用を回すべきではないか」と早速、ジャブを飛ばした。天草の中村役場襲撃事件（第3章）も取り上げられた。この事件は役場移転に反対する民政党系の住民が村役場に押しかけて議場を破壊するという政争が絡んだものだった。「民政党員を逮捕した三角署員は、熊本市の拘置所に護送する時、列車内で一般乗客と区別すべきところを、腰縄付きのまま同席させたという。これは人権蹂躙ではないか」とただす。

さらには、出張旅費が増える積算根拠を質問すると、「検討します」と答えたのに対して「誠意がない」と議会が紛糾。取り扱いを巡って「続開、休憩」の投票が行われるまで混乱した。

民政党の警察攻撃は細部を極める。予算審議を契機にここぞとばかり日ごろのうっぷんを吐き出す。

昭和3年の県議会では、警察活動に対して民政党の質問は鋭く詳細を極めた。登壇したのは弁護士の吉田安県議。強面の弁護士である。

「斎藤知事就任以来、既に5回の選挙が行われた。回を重ねるごとに干渉の度合いが強くなる。警察官の政党化が甚だしくなったのは世間周知の事実である。警察官が本分を逸脱して民事事件に干渉したり、選挙で特定政党側の人を後押しすることに知事の誠意ある回答を願う」

対して斎藤知事は、「警察官の政党化という最も疑われやすい職務に従事していることに対して、自分は大きな同情を持つとともに、疑われないように平常綿密に訓示している。政争の激しい熊本にあっては噂も立ちやすい。これも私の不徳の致すところである」と述べたが、追及は続く。

「2月の総選挙では演説会場で再三にわたって警察官から言論圧迫（中止命令）を受けた。県道認定を求めたところ、地元の警察署長がしつこく政友会への入党を勧めた（利益誘導）。医師が伝染病の発生を駐在所に届けるのを拒否したため告発され、罰金20円（6万円換算）の過料にあった（職権乱用）」

日常の警察活動にも非難が出た。

「警察官がバス、電車にただ乗りをしている。料金を払うのを見たことがない。運転手は拒否できず、非常に困っている。警察官が宿屋や料理屋の臨検を行う根拠は何か。職権乱用、不法行為は熊本県警察の名誉に関わる」

これらは暗にたかりを指しており、警察官の給料が安いからではないか、と注文をつけた。

最後に、球磨郡区出身の小出政喜県議の質問は、ダイレクトに警察活動に批判の目を向けた（『県議会史』より、概略）。

「昨年（昭和2年）の県議選の際、球磨の多良木署管内で約千名の選挙違反があり、多くは政友会だった。懲役、罰金刑に処せられたものが四、五百名ある。ところが不思議なことに警察が検挙したのは一人もなく、検挙したのは（裁判所の）検事局だった。警察は、政友会の違反は検挙すべからずと内訓していたのではないかと疑う。警察が（選挙違反を）知らなかったのであればうかつ、怠慢であり、警官たる資格も能力も疑わしいということになる。見解やいかに」

これこそ、宮原県議陣営の事務長が買収事件で検挙され、県議自身の進退が問われた違反である。斎藤知事は「お話の事柄は私どもへの警告と考えたい」と返して終わった。当時の警察の立ち位置を表した質問だったろう。

昭和4年7月に民政党・浜口内閣が発足すると、知事は斎藤宗宣氏から大森吉五郎氏に代わった。警察部長は永野清氏から立田清辰氏に代わった。だが、立田氏は4カ月後に朝鮮総督府に「栄転」(九州日日新聞)。12月の大詰めになって警察部長は青木善祐氏に代わった。立田氏と言えば、就任後の県議会で暴漢が議場に乱入し、ストーブを蹴倒して大騒ぎになり、犯人の背後から組み敷いて取り押さえた時の警察部長である(第2章参照)。

激しい警官の選挙干渉

青木警察部長が就任に際して「警察は政争に巻き込まれず、中立性を保て」と述べたことはこの章の最初の部分で触れたが、もう既に時遅しであったようだ。警察幹部の派閥的動向はもとより、現場では〝暴走〟が始まっていた。翌昭和５年は総選挙や県議選の１年前だったから、民政党は政権維持に懸命だし、政友会は政権奪取に目の色を変えていた。青木警察部長下での警察異動は半年後になったが、この時も44人の幹部警察官が首になり、１００人近くが入れ替わった。登用されたのは民政党に近いと言われた警察官であり、免官されたのは政友会色の濃い幹部たちだった。政友会政権の誕生で登用されたあの警務課長も再び警察浪人になった。

衆議院議員選挙法は制定翌年の明治33（１９００）年に改正され、選挙運動については、買収、暴力行為等の他供応、利害誘導、投票の秘密侵害、虚偽事項の公表などについて取締規定が詳細に決められた。これらは選挙に際して最低限の罰則規定で、今にも通じる違反項目である。だが、この改正に伴って同時期に制定された治安警察法こそが、この後の警察力の発揮に威力を見せる。思想・信教の自由、言論・表現の自由、集会・結社の自由を警察の取り締まり下に置く法律はその解釈次第でいくらでも検挙範囲は広がり、絶大な国民監視の武器になった（杣正夫著『日本選挙制度史』より）。それを政権党は巧みに利用し、露骨になっていた。

総選挙は近い。選挙干渉は警察権力を使う最大の機会になる。昭和4年暮れの県議会は既に民政党政権になっていたから、この点に関する野党政友会からの攻勢が強まる。阿蘇郡選出の議員が繰り出す質問には知事も困ったようだ。以下は、政友会系の九州新聞からである。

「私の住む村では警察署長の妻の父親が医者をしているが、患者の薬代徴収に制服制帽の警官が当たっている。しかも毎日、二十人ほどの患者を署長官舎に呼び出し、薬代を請求している。料理屋の店主は薬代を請求されたのに対して、『飲み代の〝つけ〟があるので相殺してくれ』と言うと、『あれは時効だ』と逆に脅迫された」

ここでは職権乱用を明らかにすることで、現場の暴走を戒めたつもりだが、この質問に対して、警務課長は「そのような事実はないと信じているが、調査したい」と返すしかなかった。

水俣署がらみのケースでは、政友会の演説会が妨害され、「官憲の乱用だ」と告発された。その理由が演説会を止めさせるためのこじつけだという。

「政友会の水俣支部が松野鶴平代議士を呼び、町内の劇場で、中央政界の報告と支部役員会を開こうとしたところ、突然、中止を勧告された。警察に届けてあった開会時間は『午前10時から』とあったのに、実際は『午後１時から』になったのが理由だと言う。劇場主は警察に呼び出され、『届け出違反』だからと会場の使用禁止を言い渡された」

警察に会場使用中止の権限があるのか、警察官吏がこのように政治に関与するのはいかがなものか、との質問だが、県議会では「事前に劇場の修復届けがあり、まだ済んでいなかった。（使用は危険なので）認めなかったのは政友会の会合を禁止するつもりではなかった」と答えたが、実際に地方ではこうした事案が起きていたのだろう。演説会妨害である。

水俣町（現水俣市）の隣村、津奈木村（現津奈木町）では具体的に選挙干渉が起きた。これも水俣署がからんでいる。

「津奈木村では学区選挙を協議するため、去る夜、村長たちが親族宅に集まっていた。そこへ4人の巡査が訪れた。水俣署長が面談したいとの理由をつけて村長を強制的に連行し、民家に閉じ込めた。取り調べもせず、外部との接触も遮断して不法に監禁した。警察は民政党の選挙が有利になるよう仕組んだ官憲乱用だ」

その10日後、再び津奈木村に警察の圧力がかかる。今度は水俣署長直接の動きだ。

「津奈木村で村議会を開こうとしたところ、水俣署長と巡査数名が議場に現れ、議案を見た後、村長に直ちに警察へ同行するよう求めた。これに対して村長は『議会中だから』と拒否したところ、『職権で同行を求める』と言う。そこで村長は『助役に代行させる』ようにしたところ、『助役も拘引する』と脅迫する。すかさず村長が議長席に座り、議会の開会を宣言したところ村長ら4人を強引に連行、3日間監置し、検事局の厳命によって帰宅を許された。こうした自治権の蹂躙、職権の乱用はいかがなものか」

議案に問題があって警察署長の登場になったのだろうが、いかにも乱暴である。県議会では、「捜査に必要があって同行を願ったが、事案は不起訴になった」と返すしかなかった。

しかし、これらは総選挙前の序章でしかなかった。

昭和5年になると、第17回総選挙も直前である。民政党の浜口雄幸内閣は不況克服を訴え、安達謙蔵内相が指揮を執ったあの選挙だ（第3章参照）。多くの選挙干渉があったが、ここでは極め付きの実態を紹介する。

「政友会員と見れば
　片っ端から拘束暴行
　　言語に絶する警官と民政派暴虐
　　　天草に恐怖時代出現
　　　　遂に検事の出動となる」

これは、2月19日付の九州新聞の見出しである。投票3日前だ。

天草を含む熊本二区の選挙区には中野猛雄氏が立候補していた。政友会熊本支部幹事長を務めた人で、宮原県議拉致事件にも登場した手練れの政治家だ。政友会は民政党と激しいつばぜり合いを演じ、一方で警察の選挙干渉に手を焼いていた様子がうかがえる。新聞は書く。

「天草には300人の警察官が応援に入り、政友会員とみれば故意に言いがかりをつけて片っ端から本渡署に連行、2日ほど拘禁して威嚇、暴行を加え釈放している。政権演説会では弁士が口を開くや民政党の回し者が床を踏み鳴らして戸を叩く。ひどい場合には電気のスイッチを切って真っ暗にしても警察はこれを見逃す。政友会の自動車を故意に止めて愚にもつかぬ質問をし、民政党の車は素通りである。このまま放置すれば流血の惨事を招くとして、中野陣営は堪忍袋の緒が切れたと検事局の到来を求めた」

中野氏は当選したが、熊本では民政党6人、政友会4人、全国的に見ても政友会は惨敗した。九州新聞は選挙直後に大きな社告を出した。

「同志諸君に告ぐ　選挙干渉の具体的報告を望む」として、仲間へ次のように呼びかけた（概略）。

「今回の総選挙で政友会は大惨敗を招いた。同志諸君の苦闘に対して安達内相の官憲との巧妙なる共同戦線は悪辣、巧妙を極めた。〃敗軍の将　兵を語らず〃ではあるが、今回の選挙干渉は余りにも大きかった。我々はその事実を天下に公表して民政党の仮面を剥ぎ、天下の正義に問いたいと思う。諸君の経験した具体的事実を明記して本社政治部に投書されたい」

負けた腹いせもあるだろう、その悔しさが目に見えるようである。

この選挙の特徴について前出の『日本選挙制度史』は「政友法曹団（浜口内閣選挙大干渉記録）」を紹介している。それによると（概略）、

「政友会が選挙干渉として特に注目したのは『選挙監視員（隊）』だった。選挙期日が切迫するにつれ政府はしきりに買収その他悪性手段による選挙運動に対し、

厳罰主義をもって臨む方針を示した。投票前3日間は取り締まりの美名の下に野党弾圧の火蓋を切り、各地の警察官を総動員して選挙監視隊を乱造、甚だしくは『民政党総裁浜口雄幸』名をもって大々的に私設監視員を嘱託、官憲与党と相通牒して自由に警戒線を突破させた」

天草で起きた選挙干渉そのものであった。

その後も政友会への選挙干渉は続く。

今度は地方選挙が待っていた。

6月、宇土郡不知火村（現宇城市）では村会議員選挙を控えていた。

「投票日が近付くと村内に数十名の警察官が現れ、政友会系候補の運動員に徹底的な弾圧を加えた。暴行、拘引、留置は数限りなく、警察監視員は見張り所を設置して政友会を尾行し、食事中に引き出された村民もいた。村は百鬼夜行の感がある」

ここにも警察による選挙監視員が登場する。

よほど選挙監視が激しかったのだろう、政友会側は「選挙取り締まりと称して無理やり拘引、留置した」松橋署の署長ら13人を熊本地裁の検事局に暴行、傷害、不法監禁の罪で告発する騒ぎにまで発展した。さらに、投票日当日も投票所に警官が現れ、政友会系の候補者への投票用紙を破棄したというから、今では信じられないほどの選挙干渉である。

警察署長が部下から告発される

９月には熊本南署の署長が、部下の巡査部長から強要の疑いで告発される事案が起きた。巡査部長の父親が政友会員であることに署長から難癖をつけられ、民政党への転籍か退職を強いられたという。組織の一体性を重視する警察にあって部下が上司を告発するなど、よほど激しい締め付けだったのだろう。

このころ、安達謙蔵内務大臣は選挙における買収事案には厳罰主義を取るよう検察、警察に法改正を指示、選挙革新審議会は選挙ブローカーの違反行為には懲役刑を課すよう方針を強化した。その後も公示前の供応に有罪の大陪審判決が出るなど、取り締まる側の強気の姿勢がますます目立つようになった。

10月、人吉署長が券番から人権蹂躙で告発された。券番とは芸者を料亭などに派遣する元締の場所を言う。芸妓の一人を風紀紊乱の容疑で拘引し、5日間拘留したことに対して、厳しすぎるとの告発である。だが、この背景には宮原県議の失格を見越しての球磨郡区の県議補選が日程に上り、券番が政友会系であったのを理由に警察が早めに手を回して選挙干渉になったと言われた。

同じころ、これも同じ県議補選がらみで、多良木警察署長も人権蹂躙で告発された。政友会系の村民を獣肉販売取締法違反で拘留し、家族が保釈のための「保証金を出す」と言っても難癖をつけて受け取らず、7日間に渡って不法に監禁したとの理由だった。

この県議補選で警察は200人を動員したと言われ、熊本県で行われた地方選挙では稀に見る選挙弾圧とされた。

補欠選挙は政友会が負けた。当選したのは宮原県議の失格を訴えた岩崎盛之介候補だった。

九州新聞は選挙結果を短く12行で伝えた。

暮れの県議会では天草の長嶋勇氏が民政党に復党し、球磨も岩崎盛之介氏が県議補選を勝ち抜くなどして民政党は安泰。議長に不信任が出て議場は荒れたが、ほどなく治まった。球磨郡区の補欠選挙における人吉警察署や多良木署の選挙干渉も議論になったが、青木警察部長は「証拠もないのに暴行云々とは警察を侮辱するものだ」と開き直られ、政友会も口を噤《つぐ》むしかなかった。

11月、知事は大森吉五郎氏から同じ民政党系の本山文平氏に交代した。本山知事は大森知事よりも強硬で、「第二商業学校の閉校」を打ち上げた知事である（第３章参照）。政友会にとっては苦しい時代で、反面、警察組織は落ち着いていた。中央政界では民政党の浜口雄幸首相が東京駅で狙撃される事件が起きているが、この関連については次章で詳しく述べる。

熊本の民政党が勢力を謳歌していた昭和６年10月、県会議員選挙が行われた。引き続き、警察の選挙干渉は激しく、結果は民政党25議席、政友会は惨敗して15議席と厳しい冬の時代が続く。

だが、「政治は一寸先は闇」とはよく言ったものだ。どう転ぶか分からないから目が離せない。

昭和6年12月13日、政府は民政党の若槻礼次郎内閣が総辞職して政友会の犬養毅内閣に交代した。

3カ月前の9月18日には中国・満州で、柳条湖の満州鉄道爆破事件を口実に関東軍が軍事作戦を開始、「満州事変」が起きた。国際連盟からは激しい批判を受け、国際的孤立が顕著になった。国内では右翼思想家の大川周明らのクーデター未遂事件や労働運動への締め付けも強くなる。安達謙蔵内相による挙国一致内閣の提唱が葬られ、政府の政策は完全に行き詰っていた。農村の疲弊や未曽有の不況続きに対して国民は政府を見放し、若槻内閣は倒れた。

すると、政友会は大喜びである。県内各支部で「犬養内閣誕生」の祝賀会が開かれた。阿蘇郡柏村（現山都町）では「南阿蘇の山野を震わす歓声」に溢れ、宇土郡花園村（現宇土市）では「官憲の選挙圧迫を跳ね返した」と報告。球磨郡上村（現あさぎり町）では「100人が参加」し、人吉町（現人吉市）の球磨支部では「650人が喜びを爆発させた」（12月24日付、九州新聞）。

熊本の警察組織にも大変革の時代が訪れた。政友会シンパにとっては雌伏2年9カ月、「我らの時代」の到来である。昭和6年の暮れは一気に慌ただしくなった。この先の混乱こそが、政争県・熊本の警察が味わった最大の悲劇だったかもしれない。
本山文平知事と青木義祐警察部長は休職になり、新知事には前徳島県知事の山下謙一氏（明治18〈1885〉年生まれ）が、警察部長には山内義文氏（明治26〈1893〉年生まれ）が任命された。山下氏は佐賀県出身で五高―東京帝大卒、山内氏は八高―京都帝大卒である。山下氏は12月18日付、山内氏は12月28日付での政府任命が決まったのに、熊本では早くも12月15日に警察幹部の人事がうごめき出す。そのキーマンになったのが、前に民政党政権の誕生で警務課長を罷免されたあの前警部である。九州新聞が早速伝えている（概略）。

「熊本市の前警務課長宅に集まった政友系の警官は20人。彼らは前警務課長を座長に現職警察署長の名簿を検討、罷免が確実な15、6人に加えて、〃斬られ組〃になることが予想される有力刑事の名前を具体的に挙げた。すると、それらは350人にも達した。逆に居残り候補と復活組も挙げ、人物評価を続けた」

注目すべきは政友系の警察官が「十二日会」を名乗っていることだ。これは昭和4年に政友会の田中義一内閣が崩壊した時に警察浪人となった彼らが作ったもので、組織があれば必ず〝派閥〟が出来る。この時の警察の派閥は政党が絡んでいるだけにやっかいだ。しかも、彼らは民政党系の警察官を〝有色警官〟としてあからさまに決めつけていた。

民政党系も負けてはいない。20日夜には熊本市下通りの静養軒に37人が集まり、「清志会」を旗揚げした。知事を辞める本山文平氏が名付け親だという。

政権交代が決まると、青木警察部長のもとには「依願退職」の届けがどっと届いたようだ。なぜなら、「罷免」なら退職金も出ず、2年間は復職できない。「依願免」なら退職金も出て、機会があればいつでも復職できるのがその理由だという。一説には400人にも上ったとあり、それだけ政治色の強い警察官がいた証左であろう。

実際には警察署長のうち22人が辞表を出した。署長以外でも幹部職10人が同調した。熊本県内の警察署は31カ所あったから、相当な退職である。

前警務課長宅での人事構想が話し合われた4日後には、早くも警察幹部の新しい人事が発令された。まだ、知事や警察部長も熊本に赴任していない時期に行われた速攻人事は早速、民政党系の批判を受けた。幹部の中に〝警察浪人組〟が７人含まれていた。当然、中心人物の前警務課長は警務課勤務となった。

東京で熊本選出の政友会代議士が山下知事へ強力に働きかけて実現したようだ。転任前の青木警察部長は「全く寝耳に水だ。新知事が電報で辞令を出したんだろう」と語っている。

退任辞令を受けた後の青木氏の話が警察界の亀裂を象徴している（九州日日新聞より）。

「復活組の警部連は僕に逢っても敬礼さえしない。全く官吏としての立場を忘れ、上下の原理を知らぬ呆れた人間たちである。彼らは警察を国家の警察とせず、私の警察とのみ思っているようだ。（私は）いずれまた、熊本に帰ってくる。彼らに踏みにじられた後をきれいに掃除しなければならぬ」

離任に際して暮れの26日、青木氏は警察幹部を前にあいさつした。

「人間は逆境に立つ時が、自己完成の最も良い機会である。今後は静かに勉強しつつ英気を養い、捲土重来を期するつもりである」

九州日日新聞は今回の人事を批判一色に書いているが、九州新聞は全く逆の筆致である。関係の見出しだけをとってもその姿勢が浮かび上がる。

九州日日新聞

「辞表を叩きつけた　警官四百名を突破　犬養内閣を短命と見越し　先手打って一陽来復を待つ　嵐前夜の熊本県警察界」

「政友会の浪人組七名を　火事泥式の警部任命　警察部長の任命も経ず　呆れた乱暴ぶり」

九州新聞

「有色警官は悉《ことごと》く　懲戒的に一掃せん　首の座を彷徨《ほうこう》する人々」

「警察異動　正に一服の清涼剤　文字通りの適材適所　県民の心機一転せん」

警察部を統括する側にしてみれば、「警察浪人」の存在は目障りだ。なぜなら、彼らは選挙になれば勇躍して政権側を攪乱する側に回る。警察浪人側は政権交代になれば〝復活〟の芽が出てくるので必死だ。ここに暗黙の抗争が始まる。

明けて昭和7年1月27日、衆議院が解散して総選挙が間近になる時期、熊本県の山内警察部長は全警察署長を集め、選挙の取り締まり方針を訓示した。

「選挙ブローカーのリストを作り、彼らを徹底的に尾行して抑え込め。警察浪人による便衣《べんい》隊(註9)が、監視に名を借りて横行している。領民を苦しめる熊本の宿弊をこの際一掃せよ」

註9　平服を着て敵地に入り、敵を襲う部隊。戦争用語として戦前の中国戦線で多く使われた。

まるで、宣戦布告である。

監視の眼は直ちに効果を表わす。

警察浪人の清志会組が球磨、天草、鹿本、菊池、飽託、阿蘇と手分けして選挙地に出発したのが判明、いずれも復活組の尾行がついた。水俣町では水俣署の元署長と刑事、巡査部長の3人が選挙絡みで個別訪問していたのを見つけて連行、署長が厳重説諭して釈放した。徹底した監視である。

極め付きは前の警察部長、青木善祐氏が熊本入りしたのを見つけたことだろう。2月7日、熊本市にいたのを発見、熊本北署に同行を求めた。休職中とはいえ、仮にも前の警察トップの連行である。思い切ったことをしたものだ。「友人の選挙応援に来た」と述べたが、「北署長の説諭を受けて、コソコソと宮崎に向かった」（九州新聞）。実際は郷里の延岡に向かったようだ。

このように、警察組織は身を振り絞って張り切った。民政党時代に首を切られて復活した警官はなおさら忠勤に励んだ。だから、現場では暴走も見られた。

民政党が対抗手段として取れるのは、検察への告発である。

「3年間、尾花《原文ママ》（羽）うち枯らした浪人組が、洪水のごとく浮かび上がり、職権乱用など横暴を極めている。反政友会系の料理屋、飲食店、旅館などへ職権を振りかざして臨検、それはまるで暗黒時代の到来だ」と言う（九州日日新聞）。例を挙げて、

「熊本市では反政友会の消防組幹部に対して、小頭《こがしら》職をはく奪するため、北署に連行して返上を強要した」「宇土署の元巡査部長が恩給請求で川尻署に行った際、反政友会と見られたのか、ささいなことで〝公安を害した〟と難癖をつけられ、一日半不法監禁された」「これも川尻署を訪れた際、（政変を受け）〝今度は安達（謙蔵）さんですかね〟と言ったばかりに、引きずり倒されて足蹴にされた」「宮地署では署長が毎晩のように反政友会の飲食店、旅館を訪れ、臨検を続けて弾圧が激しい。夜は外出もできず、まるで百鬼夜行のようだ」

これらはいずれも検察に告発された。それほど現場では激しい攻防が続いた。宮地署の告発事案は起訴されて裁判になり、「瀆職被告」とした判決が出ている。事件の詳しい内容は不明だが、臨検に際して「手心を加える」ことが激しく「袖の下」でも要求したのか、５カ月後に熊本地方裁判所で署長に禁固４月、警部補に執行猶予付き禁固３月、巡査部長にも執行猶予付き禁固２月の判決が出た。

警察官、ついに斬られる

警察の選挙干渉が過ぎると、選挙民にとっては不満が募る。たまりにたまって暴発する。青木前警察部長が熊本北署に検束された1週間後の2月15日、同じ日に上益城郡御船町と浜町（現山都町）で警察官への刃傷沙汰が起きた。日本刀で切り付けられたのである。二人は復活組み警官だった。2件とも熊本二区から立候補していた民政党・伊豆富人氏（後の熊本日日新聞社長）の選挙応援が絡んでいた。

御船町の事件は朝8時30分ごろ起きた。御船署勤務の巡査部長（34）は出勤途中で、県道沿いを歩いていたところ、背後から二人の男にいきなり日本刀で切り付けられた。巡査部長は左手首や耳付近に大けがをし、血だらけになって御船署に助けを求めた。全身6カ所に深い傷を負い、直ちに熊本市内の病院に運ばれ、大手術をして一命を取り留めた。

犯人の二人は警察に自首して逮捕されたが、その動機が「巡査部長による激しい選挙干渉」だったという（九州日日新聞）。二人は恨みも持っていた。あるところで犬養内閣の批判をしたのをこの巡査部長の知るところとなり、二人は御船署に呼ばれた。

殴る、打つ、蹴るの暴行を受け、「これ以上、選挙運動をすると懲役にやるぞ」と脅されていた。加えて毎晩、監視名目で家に訪れ、家族は震え上がっていた。

そして、犯行2日前に町内の小学校で伊豆候補の演説会があった。応援に立つ予定弁士13人のうち、11人に対して巡査部長は演説中止を連発。言論弾圧で演説会はめちゃめちゃになった。これだけではない。既に町内で行われた伊豆候補の演説会はことごとくこの巡査部長の弾圧が入り、聴衆から強い反感を受けていたという。これら一連の行為が刃傷事件の引き金になった。

巡査部長は2年半の警察浪人から復活し、1カ月前に前任地だった御船署へ配属になっていた。日ごろから柔道三段の体躯にサーベル、軍刀を帯び、町内を巡視。民政党関係者への監視が激しく、十数人が威嚇されていたという。

一方の浜町では午後3時ごろ起きた。御船町の事件との関連性はない。町内の劇場で伊豆候補の演説会が催された。弁士が応援演説をしているのに共鳴して、聴衆の青年（23）が拍手を送った。その瞬間、場内で警戒に当たっていた浜町警察署の巡査が襟首を掴んで引き倒そうとした。これに怒った青年が、隠し持っていた日本刀を抜きはらい、巡査に切りかかった。巡査は顔から首にかけて傷を負い、血だらけになった。

青年は同じ場内にいた警察官数名に取り押さえられた。

切られた巡査は、これも復活組で日ごろから民政党関係者への厳しい監視が有名で、町内では恐れられた警官だった。

県知事や警察部長は選挙のたびに「言論の自由」「選挙の中立」を表明したが、それらは建て前でしかなく、ついに「流血の惨事」が起きた。政党化した現場警官の耳には届かなかったようである。

警察の選挙干渉がどこまで効いたのか、事件から5日後の2月20日にあった第18回総選挙では、政友会が301人、民政党は146人。熊本も政友会6人、民政党4人で、政友会の圧勝だった。熊本二区から立候補した伊豆候補はこの選挙で初陣を飾った。

二つの事件については、九州日日新聞、九州新聞とも報道しているが、犯人や被害警官への書き方は政党事情を反映してか、微妙に異なる。この時代の新聞報道については次章で詳しく述べる。

第5章　対立する政党新聞の功罪

昭和の初期、熊本で発行されていた新聞はどうなっていたのか。

政党の機関紙たる九州日日新聞（国権党―民政党）と九州新聞（政友会）が大部数紙だった以外は県外紙、小さな地方紙とも政治的な影響力はほとんど無かったと思われる。

『熊本県史近代編』（昭和38年発行）は当時の他紙の状況を次のように述べている（抜粋、意訳）。

「福岡日日新聞は明治42年より熊本支局で熊本日日新聞（現在の熊本日日新聞とは別）を作っていたが、大正10年に廃刊、3年後に再び発刊し、昭和3年まで続いた。それ以降は福岡日日新聞（現西日本新聞）の熊本版になった。大阪朝日新聞は大正11年、大阪毎日新聞は大正13年にそれぞれ熊本通信部を開設した。しかし、両紙とも紙面はまだ最終ページを九州版としており、熊本のことなどはその中に小さく扱っているに過ぎなかった。その後、毎日新聞が昭和3年に熊本通信部を支局に格上げし、朝日新聞に熊本版が出来たのは昭和3年だった」

「その他、小新聞の消長は激しく、有明新聞、八代新聞、九州毎日、大熊本新聞、熊本中央新聞、熊本毎夕新聞、熊本日報などがあった。しかし、これらの新聞の創刊、廃刊は詳しくは分からない」

では、九州日日新聞、九州新聞はどんな位置付けだったのか。

まず、九州日日新聞。

源流が明治15年発行の「紫溟新報」であるのは既に述べた。明治23年に初の衆議院選挙が行われることが決まったのを契機に「九州日日新聞」と改題した。創刊の辞で「国権党」の機関紙と宣言している。熊本市の中心市街地、現在の「びぷれす熊日会館」の場所を本社屋にし、毎日4ページ印刷した。後に8ページになり、紙面は国政、県政、地方政治を網羅し、経済、株式市況、文芸欄も設けた。事件や事故、自然災害、スポーツも掲載。天気予報、新聞小説や婦人雑誌、求人広告など今の新聞の原型が既に出来ている。見当たらないのはラジオ、テレビの番組案内ぐらいか。

昭和2年11月に「新聞雑誌及通信社調」による発行部数は「毎月九十万部」となっており、これを単純に引き直すと、1日3万部の発行になる計算だ。頒布範囲が九州一円、東京、京阪となっているが、配達機能を推測すれば熊本県内がほぼすべてだと理解していいだろう。当時の熊本県の世帯数は25万6000戸だから、普及率は約11・7％。県内世論を形成するには善戦している部数だ。

対する九州新聞。

明治41年、政友会系と言われた「熊本毎日新聞」「熊本中央新聞」が経営難から廃刊に追い込まれ、政友会熊本支部は言論機能の保持に奔走した。そのころ、「実業本意」を掲げる「九州実業新聞」も経営難に陥り、政友会に助けを求めて来た。政友会では「渡りに船」と救済に乗り出し、明治43年に「実業」の二文字を抜いて「九州新聞」として生まれ変わらせた（『熊日六十年史』より）。

昭和初期の九州日日新聞社屋（『熊日五十年史』より）

創刊では「官僚政治を打破し、国力の発展を図るため、衆議院を通して憲政の美を盡瘁《じんすい》(註10)する必要あり」と誓っている。

以降、大正11年に熊本市の練兵町、現在の花畑公園の一角に新社屋を建設、九州日日新聞の強力なライバル紙となった。紙面の組み立ても両紙ともほぼ同じで、九州日日新聞の調査と同じ時期のまとめでは発行部数は「毎月六十万部」。１日約２万部印刷した。頒布範囲も福岡、長崎、鹿児島を含めているが、熊本を中心とした普及率は７・

九州新聞の新社屋、園内は高木社長
（大正12年、同紙より）

8%とみられる。

初代社長には牛乳業「弘乳舎」を営んでいた高木第四郎氏（文久2〈1862〉年生まれ）が就任。後には天草出身で政友会県支部の幹事長をした中野猛雄氏も就くなど、機関誌としての本領を発揮した。

註10　現代語では「尽瘁」と書き、一生懸命に力を尽くして労苦を惜しまないの意。

「我が党」の事情が最優先

この時期、東京や大阪などの大都市では、東京・大阪朝日新聞、東京日日新聞（毎日新聞の前身）など政党に属しない新聞が発行され、大方は権力チェックや政府に批判的な紙面も見られたが、地方では政党の方針に沿った論調が大勢だった。

政党の機関紙だから、政治的な問題が起きると〝我が党〟の事情が最優先する。都合の悪いことは書かないし、書いたとしても極力表現を柔らめ、時には相手紙を攻撃することもある。「○○紙の曲折」との書き方は、「でたらめ」とか「間違い」などとして政治的反論に度々使われた。相互チェックの機能はあったろうが、官公庁に勤める人でさえも〝第三者〟的な読者は少ないので、歴史的な史実としての評価は必ずしも高くない。論文や研究書など現代で使われる資料には必ず「政党新聞からの引用」という断り書きがあるほどだ。

朝日新聞や九州日日新聞で長く政治・論説記者を務め、初代の熊本日日新聞社長に就任した伊豆富人氏は著書『新聞人生』の中で次のように述べている。

「東京、大阪には政党に属しない一般的な新聞もあったが、地方新聞は、明治十四、五年ころから、昭和十六、七年の一県一紙に至るまで、約六十年くらい政党機関紙時代が続いた。この時代の新聞の社長、最高幹部は同時に政党の幹部で、新聞は政党の前衛部隊であった。従って、対立する新聞の社説、評論などでは活発な論戦が展開され、筆端火を吐くの趣《おもむき》があった。ニュース、報道も、我が党本位の偏向的なものであった。新聞本来の使命にもとづく、自由、独立の言論や、公平な報道はできなかった。所属する政党の主義、主張、意思、感情、利害に拘束された言論であり、批判であり、報道であった」

宮原武馬県議の拉致監禁事件でも、九州新聞と九州日日新聞の事件に対する姿勢の違いに触れた。九州新聞が「参事会選挙を有利にするための拉致監禁」としたのに対して、九州日日新聞は「政友会の脅迫から逃れるため、民政党に頼った自らの忌避行動」と描いた。

あの時、県会議事堂で傍聴していた男が議場に躍り込み、議長を引き倒してストーブを蹴り倒した事件でも九州新聞は「民政党差し回しの暴漢」と書き、九州日日新聞は「議事延長に腹を立てた壮漢」と書いた。

記者は同じ議場にいたのに「暴漢」と「壮漢」ではまるで正反対の取材観である。御船町と浜町（現山都町）で起きた、警察官に対する民政党シンパの日本刀による傷害事件でも両紙の立場は違いが際立つ。

九州新聞は切られた御船署の警察官が「凶刃に倒れるは警察官の本懐」と気丈な意気込みを示したことを紹介、職務に励む姿勢をたたえた。そして、犯人の二人を「白色テロ」「札付きの暴漢、凶漢」とし、「民政党側がついに直接行動に出た」と非難した。また、その動機も「御船署の警察官の選挙取り締まりが厳重で、（犯人は）この警察官を排除する目的だった」として二人の心境を手短に紹介。警察が取り調べ中であるが、背後関係はいずれ判明するだろうと結んでいる。

これに対して、九州日日新聞はいささか犯人に同情的である。切り付けた二人の青年に対して、その動機を重点的に報道。「原因は選挙弾圧に憤激し、その公憤からららしい」と推測して、犯人の事件に至るまでを詳しく紹介。警察官が日ごろから民政党を目の敵にし、青年たちに暴力をふるい「身の置き所がなかった末の犯行」としている。つまり、「窮鼠猫を噛む」の図式である。巡回、警らでも選挙干渉が激しく、警察官が政友会系出身で、民政党政権時代に馘首され、政友会政権になった際に復活した「元警察浪人」とまで暴いている。だから、事件は「起こるべくして起きた」との筆致が濃い。

浜町での事件もそうだ。九州日日新聞は被害にあった巡査を、これまた「元警察浪人」とし、日ごろの言動が民政党関係者から嫌われていたという。

こうなると、事件の真相がいったいどこにあるのか、一紙だけを購読する読者には霧の中になってしまう。

警察官の異動記事もそうだ。九州新聞は政治姿勢に合わなかった警官を「有色警官」と決めつけ、九州日日新聞は「警察浪人」から登用された警官を「又復警官」

（また復活した警官）と呼んでいるのは、当時はそれだけ報復人事が常態化していたのだろう。

ただ、これだけ反目し合っていても、相手政党の幹部交代や選挙での当選では短いながらも、事実として小さく掲載し合っている。報道機関としての最低の役割は果たす、という姿勢か。

これらに伺えるのは、立場の違いはあろうとも両紙とも「書きたいことは書く」と、かなり自由に筆を振り回していることだ。県議会の論戦の様子や駆け引き、人事の評価、選挙の見通しなどでは乱暴な言葉で主観を前面に出しながらも、「社の姿勢」を思うままに書いている。このころは、まだ〝我が党〟本意に書くことが許されていた。「検閲」の眼も緩やかだったのか。

ただ、時代は日々、窮屈になっていく。

昭和5年2月にはあの安達謙蔵氏が選挙責任者を務めた第17回総選挙が行われ、民政党が圧勝した。日本共産党の全国一斉取り締まりもあり、1500人が検挙され、460人が起訴された。

年明け早々に金輸出が解禁され、国内の経済状況は目に見える形で悪くなった。株価は暴落、米価は大正６年以来、生糸も明治29年以来という安値になった。世界的にも不況は深刻化していた。この年の労働争議は全国で２３００件、労働者19万人が参加したというから、国民は民政党政権にへきえきしていた。

痛恨、空白の紙面を発行

そんな時代の昭和５年11月14日付の夕刊は九州新聞、九州日日新聞とも１面は哀れなほどに見出しが削られ、記事も一部が削除されている。鉛版の削り後も生々しく

九州日日新聞

夕刊

今朝東京驛頭にて
濱口首相狙撃さる
下腹部を撃たれ重傷

本日午前九時東京驛發列車にて濱口首相は岡山へ西下せんとし八時五十七分プラットホームに這入つた時何者かピストルを濱口首相に打かけたものあり首相は下腹部に近い大腿部を打たれてプラットホームに倒れ直に從業員が駈けつけて驛長室に運んだ負傷の程度は不明なるも犯人は直に逮捕された驛長室に收容後の首相は氣は確で附添の者と話をしてゐる生命には別條ないもやうである（東京電話）

車前まで行つた時
突如ピストルの音
一同が驚愕した刹那
首相は崩るゝが如く坐す

朝野の見舞客で
首相官邸は混雑

腸破れ内出血夥しく
「もう駄目だ」と口走り
全く重態に陥つてゐ

三博士診斷の結果
輸血療法を行ふ
―次男巖根君の血液を以て―
極力元氣恢復に努

遭難した濱口首相

浜口首相銃撃事件で検閲により見出しが削り取られた九州日日新聞（昭和5年11月15日付）

空白になって発行された。その慌ただしい製作過程が伝わってくる。

この日の午前9時前、東京駅のプラットホームで列車に乗り込もうとしていた浜口雄幸首相が何者かにピストルで銃撃され、重傷を負った。新聞にすれば一級のニュースであり、細大漏らさず報道するのは当然だ。記事の末尾に（東京電話）とあり、電通（共同通信の前身）の配信や駐在記者からだろう、大量に原稿が入電している。このころの東京からの記事は、交信時間を予約して電話で吹き込み、速記者がそれを受けていた。東京方面では華々しく号外が発行され、事件の重大性が伝わっていた。

夕刊2面もまた同様で、空白の部分に一体どのような記事、写真が埋められていたのか。九州新聞は特に削除が激しく、よほど検閲の手が入ったのだろう。記事が削除されている中に伏字の見出しが多い。もうズタズタである。例えば、「○○○○の○と同時に」「首相の体は崩る々如く」と続く。この「○○○○」を推測できる記事の部分も削り取られている。多分、「ピストルの音と同時に」だったのではないか。また、「○○は腹部に止まる」とあるが、これも、「弾丸」が入っていたのだろう。このように、事件に使われた武器や犯人の特定につながる部分はことごとく削除された。新聞の見出しが「○○」となったり、記事の途中が消されるなど編集者にとっては屈辱以外の何者でもなかったろう。

翌15日の朝刊、九州日日新聞は事件の続報を伝えているが、紙面そのものは「無傷」だった。

だが、九州新聞はまたも2カ所が空白になった。しかも、配達が大幅に遅れたようだ。空白になった部分の前後には「貴院側にも大衝動を與《あた》う　事態を遺憾となす」「直接行動など遺憾に耐えぬ」との見出しがあり、記事には「浜口首相の容態は出血の程度、手術の経過が不明だが…」「暴力に訴え、直接行動に出るとは甚だ遺憾である」「政友会はこの凶変に対して民政党に哀悼の意を示すことを申し合わせた」などと、容態を気遣い、犯人を非難する内容になっている。

肝心の部分には何が書いてあったのか。その理由はこの日の夕刊1面に「社告」が載ったことで分かった。社告は句読点が少ないため読みにくいが―。

「本日の本紙朝刊配達遅延の個所少なからず読者各位に多大の御迷惑を及ぼしまして甚だ相済みません、右は別項記事の通り本縣当局の不可解な仮差押へ処分に遭ひたるため一旦印刷を済したる紙面を犠牲にして更に改刷したる結果に外なりません。配達遅延は誠に申訳ありませんが事情は右のやうな次第ですからどうか悪からず御諒承の程幾重にもお願申上ます」

このように読者にお詫びを述べた上で、その経過を書いている。検閲を受けた事実を読者に指し示すのは異例の経営判断だったに違いない。ただ、検閲のためという表現ではなく、「記事が仮差押え」になったとしているのは「当局」に対する配慮だったか。

それによると、差し止められた記事は「首相遭難と東京株式市場」と「浜口首相の遭難と株式生糸三市場」とする内容だったが、この経済記事が「公安を紊《みだ》すもの」と判断されたようだ。

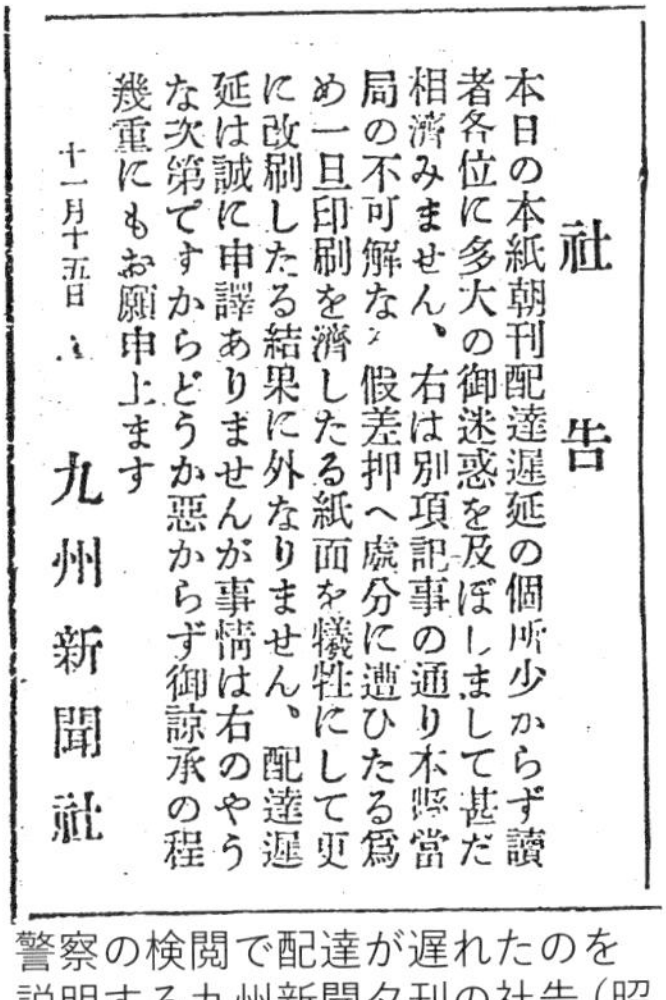
社告

本日の本紙朝刊配達遅延の個所少からず讀者各位に多大の御迷惑を及ぼしまして甚だ相濟みません、右は別項記事の通り本縣當局の不可解なる假差押へ處分に遭ひたる爲め一旦印刷を濟したる紙面を犧牲にして更に改刷したる結果に外なりません、配達遲延は誠に申譯ありませんが事情は右のやうな次第ですからどうか惡からず御諒承の程幾重にもお願申上ます

十一月十五日　九州新聞社

警察の検閲で配達が遅れたのを説明する九州新聞夕刊の社告（昭和5年11月16日付）

九州新聞では一旦、印刷したものの当局から指摘があり、締め切り時間も過ぎていたため、記事を外す余裕がなく、輪転機にかかっていた鉛版を該当の活字部分だけノミで削って刷り直したようだ。だから、販売店への発送も遅れた。これらの理由についても別項で説明している。見出しは、「本県警察部当局の　非常識なる報道弾圧　前後7時間に及ぶ仮差押処分」とし、15日午前4時に北署の警官3人が突然、会社に現れて記事を差し止め、午前11時に警察部の特高課から差し止め解除の指令が出た」という。この記事のどこが問題なのかを問い質しても「穏当を失している」というばかりで要領を得ない。

九州新聞として1分1秒が惜しい。刷り直

本縣警察部當局の
非常識なる報道彈壓
前後七時間に及ぶ假差押處分
本日の朝刊配達遲延の理由

別項、社告の通り本紙十五日附朝刊は本縣警察部當局の假差押へ處分により公安を紊るものとして指摘された二個所を抹殺新に全部を印刷の上發送配達したるため市内外とも幾分の遲延を免れず讀者諸氏に對して多大の迷惑を掛けたが其間の事情は次の通りである十四日午前八時五十五分濱口首相が東京驛頭に於いて一兇漢の爲め狙撃さるゝや本社は當局の注意に依り犯罪搜査の

完璧を期し且つ財界變動等の及ぶべき事態を惹起する恐れある部分的な個所を既に完成した鉛版中より抹殺すべきは抹殺すると共に尚朝刊材料の採擇に就いても愼重に愼重を重ねて只管當局よりの注意に觸れざらん事に努め第二版の印刷を終つた然るに十五日午前四時警察部の命を受けた北署員三名は突如本社に來り

一、第二面『首相遭難と東京株式市場』
二、第六面『濱口首相の遭難と株生糸米三市場』

と題する二記事を穩當ならずと指摘して一應假差押へ處分に附し内務省より何分の指揮命令あるまで發賣を

禁止する意味の旨を告げた假差押處分は一瞬一刻を爭ふとする新聞事業にとつて事實上の差押處分である依つて本社では直に電話を以つて當該責任者たる特高課長に對し其理由を問ふたところ同課長は只管内容が穩當を失する處がある本省に右の趣を申達して居るから本省の指揮命令あるまで發賣を遠慮された方がよいとのみで多くを語らず故に本社では讀者諸氏の迷惑を慮り一旦歸宅した部員を急遽招集の上當局より指示された二記事を全然抹殺して全部印刷をやり直し殆んど全能力を傾注して市郡幾万の讀者諸氏に配達を終つた此間に於ける本社の時間的及經濟的の犧牲損害は言ふまでもない然るところ十五日午前十一時に至り先づ北署高等係より次いで警察部特高課より『只今本省より二つの記事共掲載差支なしとの指令があつた假差押へ處分に附した新聞は

發賣してもよい』との電話命令があつた、此間實に七時間

世界奇聞

國際聯盟と交通

飛行機

検閲を「報道弾圧」と抗議する九州新聞の記事
(昭和5年11月16日付)

しを決断し、印刷部員が帰宅していたのを大急ぎで呼び戻したようだ。結局、記事は7時間後の午前11時に「警察特高課より仮差押えの処分を解除する」との連絡を受けたが、〃時すでに遅し〃。新聞社としては憤まんやるかたないのは当然だったろう。その憤りが「社告」に表れている。

警察の処置に対して、九州新聞は「これらの経済記事は極めて穏当であり、これぐらいで人心を攪乱するとは思えない。言論報道の自由がある程度確保された今日、警察の判断は甚だ遺憾である」と抗議の姿勢を示した記事を載せている。「報道弾圧」との表現や警察批判がまだ許容されていた。

皮肉なことに九州日日新聞は16日付の朝刊で「株式大暴騰」との見出しで、市況のムードを書いた。浜口首相の銃撃事件は株式市場に一旦安値の影響を与えたものの、その後は反動で買い人気が殺到、経済界は楽観ムードに包まれているという。「株安」を懸念しての差し止めなら理由も分かるが、実態は「株高」に動いた。警察の九州新聞に対する処置は杞憂だったことを示した。

首相を狙撃した男に関しての報道は事件4日後に解禁されたようで、九州日日新聞は犯人の連行写真と同時に、浜口首相の治療経過も詳報、「首相はガスが出て秘書官は万歳した」とある。この「ガス」は「オナラ、屁」のことである。腹部を手術した後など、人の体はオナラが出ると、医学的に腸の機能が回復したとして歓迎される。「首相は大事ない」と言いたかったようだ。事件発生当時の報道検閲とはまた、別次元の判断があったようだ。

検閲についても同じころ、似たような事案が東京でも起きた。

１カ月後の12月16日、九州新聞に「言論の恐怖時代来る　政府の非違を糾弾すと京阪新聞通信社の共同宣言」とした記事が掲載された。

これは、東京の通信社の記者が会社の幹部に「狙撃された浜口総裁の容態は再起不能のようだ」と話したのが漏れ伝わり、警察の耳に届いた。警察はこの話を「流言浮説罪」に当たると問題にし、記者を丸の内署に連行、３日間に渡って取り調べた。これに怒って出したのが、15社連盟の「共同宣言」だった。報知、東京日日、東京朝日、読売新報、時事新報、大阪毎日、国民新聞など、東京、大阪の新聞、通信社が名を連ねている。宣言の内容も厳しい（抜粋）。

「政府の言論に対する態度は益々暴戻《ぼうれい》を加え、新聞差し押さえの頻度も甚だしい。不当監禁は新聞記者の良心を蹂躙するものである。言論の恐怖時代来ると言っても過言ではない。これらは政府の言論に対する計画的凌辱として非違を糾弾する」

浜口首相銃撃事件の発生では各新聞社とも号外を出し、首相の負傷の程度も続々と報道され、周知の事実になっているのにこの記者は拘禁された。「上司への報告程度でそこまでやるか」。その判断の根拠があやふやであり、新聞社が抗議に立ち上がったのもうなずける。記者の拘禁は政治問題化し、政府も苦慮、安達謙蔵内務大臣が処理に乗り出し、結局は「言論の自由を保障するという趣旨が徹底しなかった」と遺憾の意を表して決着した。

この事件を受けて、九州新聞は19日付の1面トップで社論を展開、「通信社記者への弾圧にとどまらず、国民生活に最も利害関係の深い財政問題に関する記事まで差し止めをしてくるとは、明治時代にもなかった言論圧迫である。立憲政治どころか、全く暗黒政治である。地方新聞も共同決議に参加して奮起すべきである」と促している。先の記事差し止めも含めて怒り心頭の様子がうかがえる。

言論を抑え込む「新聞紙法」

安達内相は陳謝したが、取り締まりの根拠がなくなったわけではない。

その根拠は「新聞紙法」である。

明治42（１９０９）年に交付された新聞紙法は、それまでにあった新聞紙条例を廃止して新たに制定された。明治憲法は26条で「日本臣民は法律に定めたる場合を除く外信書の秘密を侵さるる事なし」とし、29条で「言論著作印行集会及び結社の自由を有す」と定めていたが、条例の中に穏当を欠く「記者の拘引」制度が盛り込まれており、全国の新聞社から反発の声が高まっていた。新しい法律はこれを改定するものだったが、明治政府は逆に記事の検閲を強化する法律にしてしまった。

全45条から成り、その第23条では「安寧秩序を紊《みだ》し、又は風俗を害するものと認る」事項は掲載差し止めの件を規定。取り締まり当局は自らの判断一つで報道を禁止することができた。

そのやり方としては内務省が管轄し、「公判前の事件」は検察局が記事掲載の中止命令を出し、新聞など毎日印刷されるものは印刷後、早めに特高警察の検閲係に提出して判断を仰いだようだ。だが、問題はその内容と時間だ。「安寧秩序を紊す」との判断は基準もなく、幅広く解釈できる。早朝であれば新聞は発送体制に入っている。新聞社は問題になるだろうと思われる記事は早刷りの段階で警察の判断を仰ぎ、後には検閲官が常駐することにもなった。一刻を争う中で、検閲係は記事が少しでも判断の基準に触れたら幅広く差し止めに走ってしまうのは必然だ。そうすると、記事差し止めの範囲は次第に広くなり、逆に発行する方は検閲に触れないように用心して書くことになる。そこで、自己規制が働き、記事はますます真実から離れていく。「検閲」という負のスパイラルはこうして出来上がる。

九州新聞が新聞を刷り直したのも経済記事だった。これは「財界を攪乱《かくらん》し、この他著しく社会の不安を惹起する事項」に触れると判断された。記事を入れた鉛版を組み直す時間もなく、やむを得ず活字を削って対処したようだが、警察は首相が狙撃されたら経済活動にどのような混乱が起きると判断したのだろうか。恣意的過ぎるとはこうした事例を指し、結局、警察当局の判断は7時間で取り消された。

また、浜口首相が狙撃されたこの年、検閲基準が具体的に明らかになり、国民の知る権利は一層制約される。その中で、新聞発行と直接関係がありそうな基準として次のようなものが含まれた。

○皇室の尊厳を冒とくする事項
○共産主義、無政府主義等の理論乃至戦略、戦術を宣伝し、もしくは其の運動実行を扇動し、又はこの種の革命団体を支持する事項
○テロ、直接行動、大衆暴動を扇動する事項
○非合法的に議会制度を否認する事項
○軍事外交上重大なる支障を来すべき機密事項
○犯罪を扇動、若しくは曲庇し、又は犯罪人、若しくは刑事被告人を賞恤《しょうじゅつ》（註11）救護する事項
○重大犯罪の捜査上甚大なる支障を生じその不検挙に依り社会の不安を惹起するが如き事項
○財界を攪乱し、この他社会の不安を惹起する事項
○その他著しく治安を妨害する事項（昭和７年追加）

これではもうがんじがらめである。逆に言えば、検閲する側にしてみればどんな理由でも付けられる。新聞紙法や治安維持法などが絡んで、言論、出版、思想の統制は日ごとに進んだ。

註11　公務で負傷・殉職した警察官・自衛官・消防官などをたたえ金品を与えること。この場合は犯人をかくまうことなどが含まれる。

昭和6年4月、浜口内閣は事件後5カ月で総辞職、代わって若槻礼次郎内閣が誕生した。この年は中国東北部で満州事変が勃発、暮れに政友会の犬養毅内閣に交代すると、民政党が分裂して、安達謙蔵氏、中野正剛氏が脱党した。政界の動きは目まぐるしく、新聞もこの動きを慎重にカバーしていた。

昭和7年3月5日には東京で三井合名会社の団琢磨理事長が血盟団の団員に同本社前で射殺され、世情はいよいよ血なまぐさくなった。力による統治の精神がムクムクともたげつつあった。

5月16日、九州日日新聞の朝刊1面は、「五・一五事件」関連記事で埋まった。陸海軍の青年将校らが首相官邸を襲撃、犬養毅首相を射殺するクーデターの走りである。トップ見出しは「怪漢　官邸に乱入し　犬養首相を短銃で射殺」「犯人は軍服を着た九人」とある。中面で「諸外国への衝動」とする見出しだけが残り、短い記事の部分が空白になっている以外は事件の概要は検閲を受けることもなく、そのまま掲載された。浜口首相が狙撃された時は、「武器」「犯人の様子」などが完全に紙面から消去されたことを考えると大きな違いだ。

九州新聞が事件を報じたのは17日。一部、押し入った軍隊の特定を避けるためか、記事中で「〇〇〇〇を着た怪漢九名」との表現があるが、九州日日新聞は「軍服」と特定している。九州新聞は服装から「所属師団」を避けるための配慮だったのだろう。しかし、大枠の報道は九州日日新聞と同じだった。

この事件で事実上政党内閣が終わり、挙国一致の態勢が急速に求められた。安達謙蔵氏が「挙国一致内閣」を提唱したものの葬り去られて国民同盟を結成したのもこのころだ。

それよりも、この五・一五事件の真っ最中に満州国に国際連盟のリットン調査団がハルビンを訪れた記事に注目したい。訪問記事には「連盟団と〇〇〇との会見断じて容認せず」と伏字があるのが目立つ。満州国建国に疑義を持つリットン調査団は、満州国政府に対して「〇〇〇との会見」を求めたが、この記事の中で、その「〇〇〇」が誰なのか、九州日日新聞、九州新聞とも伏せている。これは、先に述べた検閲基準にある「軍事外交上、重大な機密事項」に触れると判断されたのであろう。「軍事機密」「戦争関係」への配慮がこのような形で前面に出てくるのは、それこそ時代の流れであった。〝大本営発表〟の先駆けであり、新聞の役割が一つの方向に進むきっかけでもあった。

その後は、「上海より凱旋の熊本〇〇隊　門司に上陸予定」（5月18日付、九州日日新聞）、「我〇〇団司令部　季杜軍を討滅」（5月20日付、九州新聞）と軍の動向で次々に伏字の記事が続くようになる。

九州日日新聞と九州新聞の勢力争いは相変わらず続いていたが、全国的な大災害では両社が連携して県民に義捐金《ぎえんきん》募集をすることもあった。昭和9年9月21日に関西地方を襲った「室戸台風」は、死者3000人を超える未曽有の台風惨禍になった。熊本から救済するため紙面に大きな社告を掲載。「惨状は言語に絶するものがあり、人々を応援しよう」とし、「熊本県庁、熊本市役所、九州新聞社、九州日日新聞社」（9月26日付、九州新聞）が連名で救援を呼びかけている。政治的には争っていても、助け合いの精神は利害を超えて発揮していたようだ。

そして、昭和11年2月26日、九州日日新聞、九州新聞とも写真を大々的に扱った号外が発行された。前日の25日、八代郡文政村（現八代市鏡町）で県営北新地の堤防が満潮の圧力を受けて決壊、１７７戸が浸水、１２００人が被害を受ける災害があり、地元は大騒ぎになっていた。

ところが、この日は続けて号外が出た。「二・二六事件」の勃発である。皇道派の青年将校ら１４４０人が反乱を起こして首相官邸などを襲撃。高橋是清蔵相、斎藤実内大臣、渡辺錠太郎教育総監らが射殺されたのである。当初、岡田啓介首相も死亡したと報道されたが、後に生存が確認された。

九州日日新聞の号外はＡ４判（２９７ミリ×２１０ミリ）程度の大きさで、題字の横に見出し2本と本文2行のみ。「岡田首相の急逝で　大角海相臨時首相」「岡田総理大臣急逝により大角臨時総理大臣に親任されることに決定した（東京電話）」とだけで、事件性は感じられない。情報が混乱していたのか、速報を控えたのか。

翌日の朝刊1面トップは鉛版の削り後も生々しく発行された。九州新聞はその日の夕刊1面が空白になった。浜口首相が狙撃された際の新聞のように何やら物々しい雰囲気が伝わって来るし、検閲の大ナタが振るわれた様子が分かる。
27日付の朝刊はこれまた空白部分が並んだ。九州日日新聞は1面トップにノミの削り跡が大きく2カ所。中面も同様紙面になった。九州新聞1面は事件の詳細を書いているが、中面に削り跡のある空白紙面を印刷、その日の夕刊はトップ記事が空白になり、1面の左下部分に次のようなお詫びの社告を載せる羽目になった。

「謹告　本日の紙面は已むを得ざる事情の為め報道の自由を得ず編集上の欠陥を生ぜしものに付読者各位に悪しからず御諒恕《ごりょうじょ》を乞う　九州新聞」

なんとも歯切れの悪い謹告だが、新聞人にとってみれば、このような紙面を読者に届けることは憤りにも近い腹だたしさがあったろう。
事件の詳報について、29日付で4個面に渡って写真号外を発行。うっぷんを晴らすような報道になった。同じ日、九州日日新聞も3回に分けて号外を発行、〝反乱軍〟の鎮圧を伝えた。

九州日日新聞

日本の三大原則は
支那を保護國
断じて容認し難
西南政務委員

教育奬勵

後藤内相任命さる
總理大臣臨時代理に
上奏御裁可を仰ぐ

治安を維持するにあり、目下治安は維持されあるを以て一般人民は安堵して各その業に從事せらるべし

二十六日内閣から左の如く發令された

内務大臣　後藤文夫
内閣總理大臣臨時代理ヲ仰セ付ケラル

内閣審議會總
三月十五日頃

第一師團警備司令
午後三時下命さる
重要物件警備、治安維持

東京警備司令部は一般に對する公示事項として午後七時ラヂオ放送を以て左の如く發表した

一、本日午後三時第一師團戰時警備を下命さる
二、戰時警備の目的は兵力を以て重要物件を警備し併せて一般

後藤内相

2.26事件で検閲、空白になった九州日日新聞夕刊1面（昭和11年2月27日付）

反骨の新聞論調も空しく

興味深いのは、九州新聞が28日付と3月2日付の社説で、2回に渡ってこの事件を断罪していることだ。

28日付には「帝国空前の不祥事（註12）違算なき善後措置を望む」とし、「このような不祥事は至尊の宸襟《しんきん》（註13）を悩まし給えるを拝察し奉り、真に恐懼是れ久しうせざるを得ないのである。動機、目的が如何にあろうと、断じてこれを許容さるべきではない。これらは明治天皇の賜りたる軍人勅諭を冒とくすると同時に陸軍の伝統的歴史を汚損するものである」と厳しく指弾した。

註12　見込み違い。誤算。間違い。
註13　天子の心。この場合は天皇陛下の御心。

続けて3月2日付では、「昭和維新の意義　自己の脚下を照らせ」とし、「（彼らの）昭和維新の断行が、単なる社会制度の形式的変革に過ぎないとしてならば、我等は大いなる期待をかけ得ないのみか、失望するほかない」と通告した。

しかしながらである。九州新聞は同じ日に高木亨主幹による「一部青年将校のために惜しむ」と題したコラムを掲載した（以下、概略）。

「五・一五事件を空前の不祥事とすれば、二・二六事件は空前の超不祥事である。皇国の歴史を汚せしものにして、その影響の甚大なる、慄然として膚に粟を生ずるものがある。首謀した青年将校は責任をとるべきである。日本武士道の名誉の為に決然と責せんことを勧告する。彼らが一刻も早く興奮より醒め、国民の心情を理解せんことを切望する」

実は、このコラムは29日に活字化を終え、1日の紙面に掲載するばかりになっていたのに、突如として県警察部の特高課から電話があり、「青年将校は自決したので、掲載を見合わせるように」との指示で掲載できなかったという。かなり思い切った論説で、高木主幹の姿勢は、「書くべきは書く」との姿勢がうかがえるが、コラムの内容と掲載見合わせの次第を書いた内幕は軍部を刺激した。その後、九州新聞編集局には特高課が度々訪れ、紙面への点検が細かくなったという。

もうこのころになると、政争も論外の雰囲気が濃くなる。一方で言論、報道への締め付けと監視の眼は厳しくなっていく。

昭和12年7月31日、陸軍省は「新聞紙法第27条により当分軍隊の行動、その他軍機、軍略に関する事項を新聞に掲載禁止の件」を定め、8月16日には海軍省が同じような規定を設けた。これにより、陸・海軍大臣の許可を受けなければ陸海軍の行動、軍機軍略に関することは一切報道できなくなった。また、外務省も国交に影響するような事項は、外務大臣の許可が必要とした（『熊本県警警察史』より）。

昭和14年11月12日、九州日日新聞に深水清社長の「東京だより」が掲載された。深水氏は民政党の熊本支部長、衆院議員も経験した重鎮で、昭和4年に球磨郡選出の宮原武馬県議が拉致された時、宮原氏の夫人から不法監禁の疑いで告発された5人のうちの一人でもある。

この「東京だより」が筆禍事件のもとになった。その経過を『熊日六十年史』が明らかにしている。

深水氏は昭和10年に第9代の九州日日新聞社長に就任。署名入りでエッセー風の記事も書いていたが、上京した時に感じた時事問題を「東京だより」というコラムに書いた。日中戦争の泥沼化を踏まえて日米間で資源紛争が激化していた時代が背景にある。以下はその要点（現代文に改めた）。

「石油に関しては米国も迷惑するが、日本の方が迷惑度は高い。だが、これに対しては妙薬がある。近頃、ソ連はすこぶる妥協的だそうだ。日本はこのチャンスを掴まえねばならぬ。無限の石油が手に入る。支那（原文ママ）で十分な活動をやるにはソ連と戦ってはならぬ。これは〃至上の思し召しである〃とも聞かされているのだ。

ノモンハンでの戦い(註14)では停戦協定もできた。ここは百尺竿頭《ひゃくしゃくかんとう》一歩(註15)を進めてソ連と交誼を深めたら、たとえ米国が『石油を売らぬぞ』と言っても、我が国は平気の平左で行けるではないか」

註14　昭和７年の満州国建国以来、関東軍はモンゴル人民共和国とソ連の国境線ノモンハンで紛争を続け、昭和14年に武力衝突。日本は１万人以上の戦死者を出して大敗した。その後、停戦協定が結ばれた。

註15　百尺（30メートル）もある長い竿の先にあることを言い、「十分に言いつくした上にさらに一歩進めて説明する」意味で用いられる。

このコラムを熊日社史編纂委員は「軍を真っ向から批判した新聞人としては福岡日日新聞の菊竹六鼓、信濃毎日新聞の桐生悠々がいたが、九州日日新聞にも骨太の新聞人がいた」と書いている。読んでみると、確かにどこが問題なのか理解しづらいが、深読みすると、「軍部はもっと大局観を持て」とも取れるし、「ソ連と手を結べば米国にも勝てる」と批判しているようだ。いずれにしても、この時期の評論としてはかなり思い切った論壇であったろう。

これにカチンときたのが政権側だった。ノモンハンの戦いではたくさんの戦死者が出ており、あからさまな軍部の戦術批判と受け取った。「至上の思し召し」との表現も「天皇陛下もソ連と仲良くしたほうがいい」と言っているようで、これは皇室利用ではないか、と思い至ったようだ。

「東京だより」の問題点は「誰かが突っ込んだ（内通した）」らしく、憲兵隊は連日のように深水社長を呼び出し取り調べた。この〝筆禍事件〟で九州日日新聞は揺れた。問題回避のため、東京では安達謙蔵氏らによる鳩首会談も開かれたという。

結局、深水氏は翌昭和15年2月7日に社長を辞任。後任に阿部内閣の文部参与官をしていた伊豆富人氏（当時52歳）が就任して幕が下りた。深水氏は豪放磊落な社長で社員の信望も厚かったが、憲兵隊には逆らえなかった。先に示した「検閲基準」と照らしても、どこの部分が問題なのか判然としないが、これこそ恣意的な解釈の典型例だろう。「気に食わないから懲らしめる」との底意が見える判断と言っても過言ではなかった。

九州日日新聞社長・深水清氏（『熊日六十年史』より）

「なぜ、社長交代があったのか」。県民、読者は知る由もなかったという。

この時期、日米の資源戦争が激化していたように、日本を取り巻く経済環境は極めて悪化していた。日米、日仏通商条約は失効し、市町村民税が創設されて戦費負担のための大幅増税があり、国民精神総動員本部は「週1回の節米デー」を設けて国民に節制を呼び掛けた。繊維製品、建設資材も統制下に入り、ついには15年5月、「新聞雑誌用紙統制委員会」が設置されて用紙の供給が一段と厳しくなった。

こうなると、九州日日新聞、九州新聞とも朝刊8ページ発行体制を維持できなくなり、減ページを余儀なくされた。以下は昭和15年6月から昭和17年3月にかけての新聞業界が関係する動きである（これ以前に昭和13年4月1日、国家の全ての人的、物的資源を政府が統制運用する法律「国家総動員法」が公布されている。日中戦争、第二次世界大戦に備えた）。

○昭和15年6月11日　聖戦貫徹議員連盟、各党党首に解党を進言。
○同15年7月5日　九州日日新聞、九州新聞に社告。「読者の激増に伴って新聞用紙は常に不足勝ちの状態でありましたが、政府は更に戦時下物資節約の方針により、用紙の一割削減を実施しましたので、減ページの止むなきに至りました。ご了承お願いします」（読者の激増よりも『紙』の削減が理由であろう）。

○同15年7月8日　月曜と木曜の朝刊を4ページで印刷（もとは8ページ）。経済、家庭、小説を1ページに圧縮。

○同15年8月6日　熊本の国民同盟、政友会、民政党各支部が解党式。

○同15年8月30日　両社社告。9月からさらに土曜を4ページで印刷。週3日減ページになる。

○同15年11月3日　両社3度目の社告。毎月第1日曜の翌日休刊。

○同16年1月11日　新聞紙等掲載制限令施行。内閣総理大臣は外交、財政経済政策の遂行、その他の国策遂行等に重大な支障を生ずる恐れのある事項および外国に秘匿を要する事項等の記事掲載をあらかじめ制限または禁止できる。これに違反した新聞等は発売頒布禁止、差し押さえの行政処分ができる。

○同16年5月　日本新聞連盟発足

○同16年12月13日　新聞事業令施行（国家総動員法の対象品目）。政府は新聞事業に対する統廃合に関する強制権を掌握。これによって全国的に「一県一紙」の機運が高まり、新聞の整理統合が進む。

○同17年２月５日　日本新聞会発足（新聞統合の機運に同調）

○同17年３月27日　九州日日新聞、九州新聞が合併社告（以下、概略）。「両社は国策に順応し、両社統合の上新たに熊本日日新聞社を創立、４月１日付をもって創刊号を発刊することになりました。多年のご支援を深謝するとともに新たに誕生する熊本日日新聞に対し、従来同様の御愛読を賜りたく切望致します」

この突然の社告に県民・読者は驚きの目を持って迎えたという。発刊が最後になった３月31日、両社とも創刊から終刊までの歴史を振り返っている。九州日日新聞は創刊から１９８６７号、九州新聞は１２９００号だった。熊本の地でともに切磋

熊本日日新聞創刊

今回九州新聞、九州日日新聞の兩社は國策に順應し兩社統合の上新たに熊本日日新聞社を創立、四月一日附を以て創刊號を發刊することになりました、茲に多年御愛讀を賜りし讀者各位の熱烈なる御支援を深謝すると共に新たに誕生する熊本日日新聞に對し從來同樣の御愛讀を賜り度く切望致します

昭和十七年三月廿七日

九州新聞社
九州日日新聞社

「熊本日日新聞」の創刊を伝える九州日日新聞社告（昭和17年3月27日付）

熊日初代社長・伊豆富人氏（『熊日六十年史』より）

琢磨してきた両紙だったが、戦況には抗えなかった。

合併交渉は直近の用紙事情や戦況の成り行きから必然の結果でもあり、全国的に同様な動きが伝えられていた。交渉では九州日日新聞社を存続会社とし、社屋、印刷機械とも熊本市の上通りにある九州日日新聞社所有のものを使用することで進められた。社名も「九州日日新聞社」になろうとしたが、終盤になって九州新聞側が対等合併を求め、県知事の意向もあって社名は「熊本日日新聞社」に落ち着いた。新社長には九州日日新聞社の社長をしていた伊豆富人氏が就いた。

用紙事情はさらにひっ迫し、昭和20年4月21日からは、熊本日日新聞の題字下に「朝日新聞・西日本新聞・毎日新聞」の社名を入れた共同発行の形にし、これは終戦を経て10月1日まで続いた。

終戦翌日、昭和20年8月16日の熊日の紙面は2ページで、1面はポツダム宣言を受諾した「詔書」を全文掲載、鈴木貫太郎内閣が総辞職し、陸軍大臣の阿《あ》南惟幾《なみこれちか》大将が「自刃」（割腹自殺）したことを伝えた。2面の下4段は記事もなく空白だった。

エピローグ

政党は解党、政争に終止符

昭和5年10月8日、大審院は宮原武馬氏の上告を棄却した。昭和2年10月の県会議員選挙で球磨郡区から立候補してトップ当選した宮原氏は、陣営の選挙長が選挙違反で有罪となり、次点だった岩崎盛之介氏から連座制を問われて裁判が続いていた。長崎控訴院でも県議失職の判決があり、上告しても判決を覆す見通しは暗かった。

これにより、普通であれば県会議員失職で政治生命を失うかと思われたが、しかし、なんと宮原氏は大審院判決を前に地元・久米村の村長になっていた。

なぜ、そんなことができたかというと、当時の選挙法では連座制に問われて失職しても別の選挙に立候補する「被選挙権」を失うことはなかったのである。つまり、宮原氏は大審院の判決を見越して県会議員を辞職。同時に現職の久米村村長が「一身上の理由」で辞職したので、代わりに村長に就任することができた。明治21年に制定された地方自治制度では、町村長選びは間接選挙であり、政友会が優勢の久米村議会議員を中心とする選挙会は7対5で宮原氏を新しい村長に選んだ。住民の直接選挙なら、当然のように相手候補が政治倫理を前面に出して批判したはずだ。間接選挙だからこそできた合法的な芸当でもあった。

衆議院選挙法は明治22年の公布以来、何度も手直しを続け、連座制の強化が図られてきた。しかし、その免責規定は甘く、抜け道もあって実効性が薄かった。選挙運動の主宰者を広範囲に捉え、妻や家族もその範囲に入れたが、それでも免責の抜け道があって、候補者自身が「総括主宰者の違反を知らなかった」と主張したり、裁判の引き延ばしで「1年以内の決着」がつかない場合、当選無効は実現できないなど、選挙の腐敗防止に決定打とはならなかった経緯がある。総括責任者の連座制が確定して候補者が立候補できなくなる禁止制度が出来たのは、平成6（1994）年になってからであった。

宮原氏は昭和5年8月19日、久米村の村長に就任した。

その後、10月2日に大審院は宮原氏の上告を棄却、県会議員の失職が正式に決まった。球磨郡区の県会議員補欠選挙は民政党の岩崎盛之介氏と政友会の高田陳作氏（45）＝医師、村会議員＝で争われ、11月20投票、22日に開票が行われた結果、岩崎氏が雪辱した。

宮原氏が村長になった翌年の昭和6年4月1日には拉致監禁事件で問題になった多

良木実科高女の県立移管が正式に決まり、「熊本県立多良木実科高等女学校」としてスタートした。宮原村長は自分が渦中にあっただけに感無量だった。

村長に就任した宮原氏は県会議員の経験を生かし、久米村に積極的村政を敷いた。村財政が厳しかったのにも関わらず久米村小学校に大きな講堂を建設した。これにより村民は大きな大会や冠婚葬祭の会場として講堂を使い、他の村からうらやましがれた（『宮原家の家系』から）。久米村と隣の岡原村には荷馬車が通れるほどの道路しかなかったが、この道を思い切って拡幅、村民は財政難の時代とあって「馬鹿村長」と非難したが、後には車が往来できる道路になり、産業振興、住民の生活に役立った。

昭和9年夏には、干害に困った農民のために分水に奔走し、村の神社で雨乞い祈願を計画している。また、この年の9月には「第1回久米村防空演習」が行われ、その実施の陣頭に立った（『多良木町史』より）。

忙しくもあった。久米村産業組合長、村信用組合長、養鶏組合長も務め、村青年訓練所の発展に寄与。竹細工講習会や多良木警察署長の歓迎会にも来賓として出席するなど、村内の行事にはほとんど顔を出していた。ユキエ夫人も村の産業婦人会幹事として活躍し、夫婦で村中を走り回った。

そうした村長生活を10年間送ったが、無理がたたったのか体調を壊し、昭和15年4月14日午前8時30分、腎臓炎のため亡くなった。享年52。葬儀は22日午後、久米小学校の講堂で神式・仏式によって行われた。式次第が重複するのは、宮原氏の生家は切畑霧島神社の神官職であり、婿養子に来た久米村の宮原家は真言宗だったからである。神主と僧侶が交代で主宰する珍しい「村葬」だった。現職の村長で、県政への貢献も大きかったからだろう、葬儀の来賓には県知事代理の地方課主席や球磨郡内の村長、多良木実科高女教員など200人が訪れ、町民など3000人が弔問した。球磨農業学校時代の恩師・遠藤萬三氏など多くの関係者が弔電を寄せた。九州新聞には葬儀会場を取り巻く長い行列の弔問客の写真が掲載された（同月26日付）。

こうして宮原氏は生涯を閉じたが、ところであの拉致監禁事件の渦中に起きた県議会議事堂への躍り込みと議長を引き倒し、ストーブを蹴倒した〝暴漢・壮士〟はその後、どうなったのか。

熊本地裁の検事局が男を取り調べ、公務執行妨害罪で起訴され、裁判の結果、禁固6月の処分が出ていた。後日、民政党熊本支部の幹部ら多数が出席して壮士の送別会が開かれた。九州日日新聞には送別先や送別会の内容もない不思議な記事が掲載された。

また、宮原氏を拉致監禁した壮士たちは不法監禁の容疑で検事の聴取を受けたが、確たる犯意がつかめなかったのだろう、不起訴になった。同じ時期に球磨郡区から県会議員をしていた小出政喜氏は回想録『思出草』の中で事件を振り返り、「彼（壮士）は臨機応変の答弁（取り調べ）よろしきを得て起訴を免れた」と語っている。のらりくらりと調べをかわし、言質を与えなかったということであろう。

主犯格とされた〝壮士〟は、元在郷軍人の砲兵少尉で、中学（旧制）時代は玄人もへきえきするほどの喧嘩大将だった半面、面倒見のいい青年だった。国権党から郡会議員(註16)にも出馬して当選、球磨郡内で町村長の選挙があると民政党代表として選挙立会人を務めることもあった。郡会議員時代の時、自治法を猛烈に勉強して町村制に明るかった。後には熊本県の民政党同士会（後援会）の幹部も務めた。

註16　明治時代から大正時代にかけ、地方自治体で構成する「郡」にあった議会。町村会から選出された議員と大地主の互選による議員で構成、大正12年に廃止された。

それにしても、宮原氏はあの時、なぜ熊本に帰らず11日間も門司港の旅館に滞在し続けたのだろうか。その結果として県議会の参事会選挙は民政党、政友会とも五分五分になって民政党は目的を果たした。

その疑問を解くカギが一つある。大森知事が昭和4年12月14日の県議会で「宮原君は自由意志で行動したのではないか」と微妙な答弁をした後、宮原氏が門司にいる間、民政党の顧問弁護士が密かに旅館を訪れている。ここで話し合われたのは、「参事会選挙が終わるまで滞在を続けたら、多良木実科高女の県立移管は確約する」との提案と、裁決に際しては政友会の税所鎮己県議が〃協力〃することが示されたのだろう。宮原氏としては、民政党への入党・脱党や地元村長たちを巻き込んでの民政党幹事長への陳情、そして監禁事件前の騒動など、政治家として右往左往したことは否めない。しかし、いずれにしても宮原氏の最優先事項は多良木実科高女の県立移管だったのである。この希望が実現すれば、全ては自分の責任として飲みこもうと判断したのではないか。そしてその通りに実現した。長い11日間だったろう。

こうした揺れ動く心情を取り調べの検事にも話したはずである。だから、ユキエ夫人も告訴を取り下げ、宮原氏とともに門司で滞在を続けた。あの時、ユキエ夫人は「告訴を取り下げなければ民政党暴漢の攻撃を受け、安心して熊本へ帰れないと門司・

水上署の署長に説得された」と語っているが、捜査した検事にすれば告訴が取り下げられたら立件の根拠が希薄になる。そう判断しての不起訴だったろう。

その後、宮原氏は拉致監禁事件について一切語らなかった。

では、事件は拉致監禁だったのか、暴漢からの忌避行動だったのか。

回想録『思出草』を著わした前出の小出政喜氏が内幕を語っている。

「我が党（民政党）は宮原君を自動車で護送し、夜陰に乗じて阿蘇経由別府まで行き、さらに海を渡って四国に行った」

また、「宮原県議軟禁事件」の〝首謀者〟の一人だった吉田安県議（民政党、元代議士）は昭和51年発行の『熊本昭和史年表』（熊本日日新聞社編集局編）で、こう述べている。

「当時わし《私》は県議の二期目だった。民政・政友両派の抗争は激烈を極め、議場内の乱闘は日常茶飯事で、ストーブをひっくり返してボヤ騒ぎを起こしたこともあったくらい。二階から議場内に飛び降りた傍聴者を『出て失せろ！』と背負い投げで仕留めたこともあった。宮原県議を軟禁した時は、自動車で自宅近く（実際は水前寺公園近くの遠藤氏宅）から拉致し、各地を転々とした。軟禁は大成功で、無事目的の議案（多良木実科高女の県立移管と参事会選挙）を可決させたものだ」

吉田氏が認めたように拉致監禁事件は実際に起きていた。47年ぶりの告白である。事件発覚直後に宮原氏が出したハガキや、監禁を逃れて四国から熊本に打った電報に見られるように、当初は正真正銘の拉致監禁だったが、途中から宮原氏の心境が変化したのだろう。事件がうやむや同然になったのも政争がもたらした歴史の一コマであった。

昭和7年4月、熊本地裁検事局の大里與謝郎検事が長崎控訴院検事として転勤することになった。宮原県議拉致事件や県会議場でのストーブ蹴倒し事件を取り調べた検事である。赴任を前に九州日日新聞記者にこう述べている（4月12日付）。

「熊本では政党政治を超越して真に厳正なる司法権の行使に努力していたと敢えて断言しておきたい。だが、政争激甚の結果、常に野党が警察当局を信頼せず、検事局に対する告訴事件が多いので検事局としては非常に多忙な土地であった」

また、九州新聞記者にも「熊本はどうも政争が激甚で告訴事件も多く、従って検事の手数もかかり多忙だった」と語っている（4月13日付）。

戦雲高まり、政争にも批判

そうした熊本独特の政争に対し、中国大陸での戦雲が高まり始めると県民の間でも批判的な声が上がり出した。昭和8年5月には「五・一五事件」の裁判が始まり、9月には反乱将校たちへの判決も出ていた。被告の将校たちは法廷で政府、財界の腐敗を叫び、「昭和維新」を主張。国民の間にはこれに呼応して減刑運動も起きた。熊本でも減刑を訴える五高・東光会の学生たちによる宣伝活動があった。

昭和8年9月1日には1カ月後に迫った熊本市議会の議員選挙を前に、九州日日新聞が独特の論調で理想選挙を訴えた。少し長いが政治の風土が変わっていく潮目になるであろうため列挙する。この時の九州日日新聞は国民同盟支持の立場である（句読点をつけ、概略にした）。

「熊本市議会議員選挙もいよいよ1カ月後に迫った。五・一五事件の公判の結果は既成政党、政友会・民政党の堕落、腐敗が白日の下にさらされ、この重大事件勃発の重要な原因が、政界の堕落腐敗にあることが実証された。国民の既成政党に対する不信の熱度は一層高まった。政界の浄化、選挙の革新の与論は、従前に比して更に熾烈な国民的要求となって燃え上がって来た。従って、今回の市議選においても官憲の取り締まりは不偏不党、飽くまでも厳正公平な態度を以て臨んでもらいたい。選挙違反の絶滅を期し、政党側もこれらを裏切ることのないよう期待する。有権者も投票に当たっては候補者の所属団体、候補者の人物等に目を向けよう」

政友会、民政党を批判的に書き、返す刀で国民同盟への期待を述べているが、かなり筋の通った論調である。

そして、翌日の2日、上・下益城郡区の県会議員補欠選挙を前に、国民同盟、政友会、民政党の連名による共同声明が発表された。時代は五・一五事件を受けての政党崩壊と軍人首相が続く挙国一致内閣になっており、これも「政争などしている場合ではない」との戦時体制下での空気であったろう。

「選挙民諸君に告ぐ」と題した宣言は「時局に鑑み、選挙界の粛清を期せんがため言論文書の外、一切の非合法的選挙運動を排除する」とした内容になった。反省として、「5月に行われた町村会議員の選挙では656人の違反者を出し、罰金総額は2万2600円（6780万円換算）にも達した。政争県と言われるが、内実は主義主張をもって正々堂々と戦うよりは、勢いをもって手段を選ばぬ方法だった。情実縁故を頼り、金銭を使っての選挙は当選のみを目的とする選挙であり、三政党の深く遺憾とするところである」と述べた。

「内外ともに極めて重大な時局であり、今後は国家憲政のために一大貢献をしたい」との認識こそ共同宣言につながった理由だろう。

続いて、菊池郡隈府町（現菊池市）で政友会と同志会による40年ぶりの手打ち式があった。九州日日新聞が伝えるその内容が勇ましく、新時代に向かう気概にあふれた(昭和9年2月25日付)。

「百年河清を待つに等しと酷評され、天下に政争激甚の名を馳せた隈府町の政党対立は深刻なもので、血を血で洗う激争で得たものは全くみじめな町商勢の衰微と町制の渋滞のみであった。これに対して両党は握手し、永遠の平和建設に奮起した」

渡辺一宣・隈府警察(現菊池警察)署長や松田平至・熊電(現熊本電鉄)隈府所長、公論社長・星子貞次、九州日日新聞社員・山田允の4人が仲介となり、5カ月かけて実らせた協調案だった。誓約書では「町本主義に立脚し、協調融和町勢の善処に努力」すると謳った。手打ち式後はみんなで万歳をし、両党で祝賀会を開いた。菊池神社に出向いて協調を誓うことも決めた。

全国的にもこうした流れが出ており、国としてもなんらかの対策を迫られた。内務省は昭和10年5月、各県に「選挙粛清委員会」の設立を求めた。また、選挙公報の在り方、演説会場の設定、選挙費用の公営化など選挙規定を全面的に改定した。政党政治は事実上終わり、岡田啓介内閣は挙国一致の態勢を作る必要もあった。それだけ戦況が厳しくなっていたとも言えるだろう。「政争などしている場合ではない」との意気込みの裏返しでもある。全国24府県で作られた。

これを受けて、熊本県としても対応が決まった。

昭和10年6月15日、関谷延之助知事を会長に「熊本県選挙粛清委員会」が県庁で開かれた。政争が熊本県の発展にとっていかに弊害が大きいか、声高に叫ばれながらも改善されなかった「積弊」を一掃しようとの会議である。

メンバーは政友会、民政党の幹部ら30人。国会議員や県会議員を中心にし、その顔ぶれをみると、政友会は中野猛雄氏、脇山真一氏、高木第四郎氏ら。民政党からは深水清氏、大塚勇太郎氏、平山岩彦氏らが並んだ。これだけそろえて一定の方向性が出れば、熊本の政争も少しは治まるであろう。否、そうしないと時局が許さなかった。

関谷知事からの諮問事項は2点。

一、選挙に際して、最も顕著なる弊害と認められる事項とこれを防止し、選挙を公正なものにする方策。

一、選挙運動のために公立学校を使用する際の規定整備、並びに選挙公報を発行する際の規定整備。

かなり大まかな諮問だが、これらこそ選挙の弊害除去に必要な視点であった。論点は三つ。

一、官憲の選挙干渉、圧迫を絶対に排除すること

一、政治、社会教化などあらゆる角度から選挙の公正、徹底を期すること

一、選挙母体、即ち各政党政派間に於いて合理的協定を図り、無用の政争を避けることに務める。然も協定実現につき既に各派ともその用意を有すること

委員会では率直な意見が続出した。

赤星典太氏（元内務官僚、県教育会長）「選挙の弊害の第一は官憲の選挙干渉に基因し、干渉がなければ選挙の争いは正々堂々としたものであった。昔の争いは君子の

争いだったが、これに官憲の圧迫、干渉が加わるに及んで肥後人の気質が反発、政争の激甚と弊害を生じた。取り締まりを徹底し、積弊を排すべきだ」。

小宮山七十吾郎氏（元県会議長）「選挙の弊害の実態は買収と官憲の干渉だ。官憲は情報収集を一切止め、政党は買収を排すること。選挙民の駆り出しも弊害が多い」。

深水清氏（国会議員、民政党熊本県支部長）「選挙に係る刑罰は他の破廉恥罪と社会通念を異にする傾向がある。選挙違反も罪であることの教育が必要だ。選挙の公正を期するためには県知事の覚悟も求められる」。

脇山真一氏（後の県会議長）「買収対策として刑事政策の徹底と政治教育の力、選挙母体の協定が必要だ。新聞も対立を煽り立ててはいけない。選挙ブローカーを徹底的に排除することは急務だ」。

三善信房氏（県会議員）「政党に色々と批判もあったが、認識不足の点もある。政党各派間の全面的な妥協、協定が最も早道である。我々もそれに応ずる用意がある」。

内務省では全国に講師を派遣、熊本にも貴族院議員の田澤義鋪《よしはる》氏（佐賀県出身、五高、東京帝国大学卒）が訪れた。また、理解を助けるためのパンフレットを5万部作り、全国の自治体に配った。

7月5日には熊本市の公会堂で、県教育会など20団体、1300人が集まって選挙粛清県民大会が開かれた。各政党の代表者も参列しての「雄叫び」は熱意に溢れた。そして、「県民一致の総意で公明正大な投票を行い、国民的自覚の徹底を促す」との宣言と決意が読み上げられた。こうして選挙粛清運動は転がり出した。

高まる選挙粛清運動

選挙粛清の会議でやり玉の一番手に上がった「官憲の干渉」は、政権与党の息のかかった知事サイドの動きもあったが、問題になったのは政治政党の色がついた前線の警察官である。選挙のたびに「自派を有利に、相手をつぶす」とばかりに、地域の有力有権者に圧力、干渉を続け、「公権の乱用」と県民のひんしゅくを買っていたことについては既に述べた。

だが、警察内の一部からは、政変ごとに現職警察官の更迭、恣意的な登用が続くことに当然ながら憂慮の声が出始めていた。犬養首相の誕生に伴う政変では400人が退職、異動するという全国的にも激しい人事が行われた。熊本県では昭和7年に、既に「精勤加俸手当」を改正し、昇進に必要な勤務期間を短縮する案が出ている。これは3年以上勤務した巡査には精勤手当を出し、5年経つと自動的に巡査部長への試験資格があったのを、優秀な巡査には巡査部長への昇進試験資格を2年に短縮するもので、この措置により保身的な捜査や派閥活動を戒め、警官本来の実力主義的な活動をしてもらいたいとの意図があった。

また、政府でも政変ごとに県知事などの地方官僚が休職や更迭されるのを防ぐため、審査会を設けてその可否を決定すべきであるとの意見が出ていた。警察部長が交代すると、その県の幹部警察官が一斉に交代するなど、いずれも悪弊と見られ始めたのである。「官僚は業務に精励すべき」との声であったろう。

選挙粛清の動きはこれらを背景にしたもので、選挙の取り締まりや選挙費用、頒布文書の規定など、この数年で急速に改定、強化された。

昭和10年は選挙粛清運動にとって節目の年になった。この年の6月、内務省は警察組織の職務改定を行った。従来、高等課で行っていた選挙違反などの監視機能を刑事課に移した。「政治的、恣意的な選挙取り締まりを排除する」目的があった。全国刑事課長会議で内務省の警保局長は声高に「警察精神の発揚」を訴え、次のように述べた。

「選挙犯罪の予防、検挙は一般犯罪と同様に刑事事件として取り扱う。刑事警察は一党一派に属することなく、厳正公平な立場で選挙を監視し、悪印象を一掃する。従来の因習伝統を超越して画期的な取り締まりを行ってほしい」

これを受け、熊本県の警察署長会議でも関谷知事や警察部長は「刑事警察の刷新」を強調した。

この年の10月、熊本県議会議員選挙があった。毎回のように選挙後の県議会では「選挙干渉」が野党から問題視され、警察部長には質問、苦言が集中するが、この年は拍子抜けするほどだった。昭和12年の県議会では「警察の態度が公平になったことは、知事、警察部長の指揮が良くなったからであろう」との発言まであった（『熊本県警察史』より）。「選挙粛清運動の効果」はあった。

県議会は国策協力議会に

これ以降、県議会も戦時色が濃くなるにつれて静かになった。県議会史は各年の特徴を描いている。

▽昭和13年　「庶民は声を殺して黙々と影を落とし、粛々と戦時国家、独占資本主義体制に忍従することを余儀なくされた」。議会は平然としたもので、県議会前には政党各派が懇談会を開き、「円満、明朗なる議事の運行を図る」との協定を結んだ。前年度予算総額の1割減を基準にし、「戦時緊縮予算案」を満場一致で可決した。

▽昭和14年　議会は全く平穏、既に政党の力はなく、提出された議案はことごとく原案通り可決された。

▽昭和15年　県庁内に警防課（空襲対策）、経済保安課（物価監視）が設けられた。熊本の各政党（国民同盟、民政党、政友会）は解党宣言し、議会は国策協力議会になった。会期一杯の通常議会はこの年を最後とし、後は翼賛議会の名で会期を短縮、審議も制約された。これにより熊本の政争は事実上、終止符を打った。

▽昭和16年　日中戦争5年目、第二次大戦3年目。米英は日本資産を凍結し、経

済封鎖を全面的に強化した。国民の生活水準は著しく低下、インフレも進行し、戦争の継続まで危ぶまれてきた。市町村議会も1年間任期が延長され、県議会は予算2000万円（600億円換算）で、審議日数を8日間短縮した。

▽昭和17年

大東亜戦緒戦も日本の頽勢が既に明らかになりつつあった。県議会は本会議、委員会も各5日間の超短縮審議になり、執行部の原案にケチをつけるものは県会議員と言えども非国民として容赦せぬというような気持ちが濃厚であった。

▽昭和18年

日本軍はソロモン群島から撤退し、イタリアは降伏した。日独の頽勢は覆うべくもなかった。県内の商工会議所、商工会が合併し、熊本県商工会経済会となった。熊本県国民精神文化研究所は県教学練成所になった。翼賛議会も最早議会とは言い難く、開会日数を短縮することに懸命になった。委員会は懇談会にし、非公開審議を大幅に増やした。予算3000万円（900億円換算）を無修正で可決した。

▽昭和19年　日本軍はサイパン、グアム島で全滅した。国内では戦時管理服務命令を公布、戦時僧侶勤労動員要綱も発表した。女子挺身隊の強化方策、中学校の勤労動員大綱を発表、暮れには熊本市が初の空襲を受けた。県会議員は任期が延長され、政府は非公開の議会を極力公開するよう指示した。これは国民の知りたい欲求を少しでも和らげようとの配慮だった。

▽昭和20年　敗戦。県民は衣食住全てに事欠き、特に食糧不足とインフレで塗炭の苦しみをなめていた。県議会は議員一同そろって藤崎八旛宮に終戦報告と国家安泰祈願を行うなど戦時中の慣行が踏襲されたが、戦争中の官製選挙、戦災による公共施設の焼失など官吏の責任追及、終戦時における県の無統制、無秩序に対する批判、今後の県政の姿勢、方向性に対する質疑が繰り返し行われた。

こうした経緯を見る限り敗戦までの7年間、熊本の政争は全く影を潜め、あのエネルギーも消失してしまっている。これが戦争の実相であろう。

「不偏不党」の生まれた背景

昭和17年4月1日、「熊本日日新聞社」（以降、「熊日」）はスタートを切った。民政党と政友会の機関紙として長年に渡って対立し、時には「曲折」（でたらめ）とののしりにも近い表現で批判し合った両紙をどうやって統一し、社内融和を保つか、新生・熊日の社長に就任する伊豆富人氏は発刊を前に3月31日付の紙面でこう述べている。

「（見出しは）『時代的任務を盡《つく》し　新しき使命へ』（以下、本文概略）

「九州日日新聞は皇室中心主義、国家主義、国権拡張主義を社の綱領として主義主張を宣伝してきた。しかし、今や世相は一変し、自由主義的思想は一掃され、日本の真の姿は消え、一億一心、大東亜戦のために邁進することになった。この時代にあって国策に順応し、当局の意のある所を尊重し、国家機関として国策に協力するという信念のもと九州新聞と統合、熊本日日新聞として新発足することになった。読者諸氏には今後も倍増のご支援を願う」

行間に溢れるのは「政党新聞の使命は果たしてきたが、戦時下にあって国策に協力するのは必然だった」との姿勢である。

これを踏まえて伊豆社長は31日、熊日の創業に当たり、熊本市上通町の本社で従業員を前に演説、経営と編集方針を発表した。新しい新聞の発刊に対する基本的な姿勢である「熊日綱領」は今も引き継がれている。その中心的なものは―。

一、編集方針としては自由独立、厳正公平、不偏不党の新聞を製作すること

一、社員の品性を陶冶《とうや》して新聞の倫理性を高め、新聞の品格並びに従業員の社会的地位を向上せしめること

一、資本の搾取なく、労力の被搾取なき労使一如、家族共同体を確立すること

この中で、特に注目すべきは最初の「編集方針」である。九州日日新聞と九州新聞が、熊本の歴史の中で折に触れて対立して来たのは既に述べた。伊豆社長としては「新聞本来の使命に基づく自由独立の言論や公平な報道ができなかった」との思いは強かったであろう。政党の機関紙による政争から脱して両社の融合のために新しい

〝旗〟が必要だった。しかし、それまでの両社の報道実態からすれば、跳びぬけた編集方針であり、しかも、時期は戦時下。「ジャーナリズム」という正確な報道、真実追及を貫くにはよほどの覚悟が要る時代である。

この編集方針が生まれた素地はどこにあったのか。熊日の社史や伊豆富人氏の著書、講演録から推測して、伊豆氏が新聞記者や国会議員だった時代、激しい党派対立で紙面が荒れ、選挙戦では暴力事件、刃傷沙汰が頻発した。警察官が刃物で切られたり、自派の選挙運動員が選挙違反を起こしたこともある。これらを背景に無為な「政争」に終止符を打つためにこうした編集方針が生まれた、との見方がある。

しかし、どうやらそればかりではなさそうだ。伊豆氏の『新聞人生』を遡ることでその真意が見えてくる。

伊豆氏は明治21（1888）年、葦北郡日奈久村（現八代市）に生まれた。地元の尋常小学校、高等科を経て専門学校の入学検定試験に合格。明治44（1911）年春、志を抱いて上京した。この時、23歳。

「どうしたら新聞記者になれるか。朝日新聞に入りたい」と訪ねたのが郷土・熊本の大先輩、池辺三山（本名・吉太郎。以下、「三山」）である。事前に手紙を出し、訪問を伝えていた。当時、三山は東京朝日新聞の主筆で、都内の牛込区に住んでいた。この時代、「国民新聞」の徳富蘇峰、「日本新聞」を主宰した陸羯南《くがかつなん》と並ぶ「明治の三大記者」と言われていた。三山は伊豆氏を心やすく自宅に招き入れた。玄関で相対した印象を「六尺（180チセン）豊かで西郷隆盛を思わせる偉丈夫な人だった」とその押し出しを語っている。

三山の父・吉十郎は肥後藩士で、あの西南戦争の時、熊本隊隊長として西郷軍に加担、田原坂での戦いを経て戦後に捕らわれ、明治新政府から極刑を課された歴史的な人物である。三山は元治元（1864）年に吉十郎の長男として生まれた。父亡き後、後援者を得て明治14年に上京、ほどなく慶応義塾に入った。私淑していた先輩が佐賀県知事になった際、一緒に行ったこともあったが、明治17年に再び上京、旧肥後藩主の細川家が東京在住の学生のために設立した「有斐学舎」の舎監になった。

このころから文筆の才鋭く、明治20年から1年間、客員として山梨日日新聞に論説を寄稿、言論界に入った。号「三山」は、熊本市の西方にある金峰山を中心とする、一、二、三の岳から命名したという。山梨日日新聞社による社史『山梨を拓く　新聞人が挑んだ150年』によると、三山は「新聞記者の地位」と題して、新聞の在り方を連載した。三山の入社経緯や言論機関としての方向性を詳しく論述したこの社史は、三山に関する貴重な資料である。中心的に論じた、「偏せず党せず」の姿勢は、新聞記者の在り方を鋭く問いかけ、政治の世界でいかに自らを「局外」に置くべきかを論じて注目された。ここに「不偏不党」の原則が登場する。三山は書いている。

「新聞記者たる者が論ずるところは、偏せず、党せず、公平正直であり、また社会が命じた言官《げんかん》（古代中国の政事の過ち等をいさめる官）として職務を全うすべき（である）」（『山梨日日新聞社史』より）。

「不偏不党」についてはさまざまな解釈があるが、日本の新聞に登場するのは明治9年に東京日日新聞の福地桜痴が使った「不党不偏」が始まりだというから、政界を大局的に見る記者の視点の重要性は三山も肝に銘じていたのだろう。

若い時代、伊豆氏は三山邸に通った中で、この「記者精神」を叩き込まれた。遠慮なく問答し、昼食を一緒に食べる間柄になった。「新聞記者は名利（名誉と利益）の外を超越し、富貴も淫するを能《あた》わず、威武も屈するを能わず、信念をもって正義を貫き国家社会を指導する覚悟がいる」と言われ、身に染みた。この「富貴も淫するを―」は、中国の思想家・孟子が弟子に諭した漢詩である（上段が主要部分、下段は日本語読み）。

居天下之広居　天下の広居に居り
立天下之正位　天下の正位に立ち
行天下之大道　天下の大道を行ふ
得志与民由之　志を得れば民とこれに由り
不得志独行其道　志を得ざれば独りその道を行ふ
富貴不能淫　富貴も淫すること能わず
貧賤不能移　貧賤も移すこと能わず
威武不能屈　威武も屈すること能わず
比之謂大丈夫　これをこれ大丈夫と謂ふ

これは権威に屈せず富貴に惑わされず、個々の国家を超えた天下の利益に貢献する

「志操堅固な立派な男子であれ」を意味している。新聞記者たる伊豆氏の生涯における座右の銘になった。

明治45年から大正元年に変わったこの年の2月、三山は47歳の若さで亡くなる。前年9月には15年間務めた朝日新聞を退社している。伊豆氏にすれば1年足らずの交わりだったが得たものは多く、「不偏不党」の精神が刻み込まれる日々になった。郷里は後年、三山を熊本県近代文化功労者としてその功績を称えている。

9月、伊豆氏は早稲田大学の専門部に入学、幸いなことに三山とともに論陣を張っていた大阪朝日新聞の鳥居素川に手紙を出して知遇を得、その紹介で九州日日新聞の東京通信員になる。これは原稿料が伴い、学資の一助になった。鳥居素川もまた熊本の大先輩である。鳥居素川は三山の推薦で朝日新聞に入った人で、三山を私淑していた。二人の父は共に西南戦争で西郷軍に加担した戦友でもあった。伊豆氏は早稲田を卒業して正式に九州日日新聞に入社、東京駐在の論説委員になった。2年後の大正6年、29歳の時、東京朝日新聞の政治部に転属した。

大事件に遭遇する記者の運命は不思議なものである。朝日新聞に入社した翌年の大正7年8月26日、大阪朝日新聞で筆禍事件が起きた。これが、朝日新聞を揺るがす

「白虹《はっこう》事件」である。伊豆記者はこの事件の渦に巻き込まれる。

当時、全国では米騒動が頻発し、新聞もこれを細かく伝えようとしたが、政府は「社会の安寧と秩序を揺るがす」として「新聞紙法」を盾に報道禁止を連発していた。地方新聞が地元の政党と深く関係した機関紙的な性格だったのに対して、大都市の新聞は比較的自由な立場だった。東京の新聞各紙は政府に解禁を迫った。朝日新聞の政府批判は殊に筆鋒鋭かった。この動きに呼応して関西でも言論の自由を要求し、寺内正毅《まさたけ》内閣を弾劾する「近畿新聞通信社大会」が大阪のホテルで開かれた。内閣を糾弾する大会宣言と決議に関連する若手記者の夕刊記事が日ごろ朝日の論調を気に食わない政府の〝地雷〟を踏んだ。

その記事は、「大会が終わって食卓に就いた人々は肉の味、酒の香に落ちつくことが出来なかった。――大日本帝国は今や恐ろしい最後の裁判の日に近づいているのではなかろうか。『白虹日を貫けり』と昔の人が呟《つぶや》いた不吉な兆《しらせ》が――人々の頭に雷《いなずま》のように閃く――」とあった。「白虹日を貫く」とは中国の古典に「兵乱の兆しあり」を意味したが、朝日新聞社史によると、記事をチェックしていた社会部長の長谷川如是閑が途中で所要のため席を外した。「記事が穏やかでない」と指摘した記者もいたが、締め切りが迫っていたので印刷に回った。遅れて出社した社会部の副部長は印刷途中でこの紙面を見た。穏やかではない表現に「物騒だ」と察し、刷り直しを命じたが、1万部は既に市中に出ていた。これを見た右翼関係者は「日」は天皇陛下を指し、「天皇陛下を貫くとはけしからん」と、朝日攻撃を始めた。当時の朝日新聞は政府の朝鮮植民地政策やシベリア出兵に批判的で、寺内内閣は朝日を目の敵にしていた。大阪府警の検閲係が直ちに行動する。ささいなことに目を付けて攻撃する典型である。朝日新聞は、いわば引っかかった。

寺内内閣から原敬内閣に代わっても朝日新聞への強硬姿勢は変わらず、事件は新聞紙法違反の容疑で記者と発行責任者が告発され、新聞の発行禁止が現実のものになりかかった。発行禁止は新聞にとって〝死刑判決〟にも等しい。裁判の審理は厳しく、社長が外出から帰社中に公園で右翼に襲われて麻縄で縛り上げられるなどし、朝日は存亡の危機に見舞われる。

結局、事件は社長が引責辞任し、編集局長の鳥居素川、社会部長の長谷川如是閑らが依願退職して攻撃の矛先をかわした。東京にいた伊豆記者は、この一部始終を肌身で体感した。

事件後の11月15日に発表したのが「朝日新聞編輯《へんしゅう》綱領」である。その中の1項に、「一、不偏不党の地に立ちて、公平無私の心を持し、正義人道に本《もと》づきて、評論の穏健妥当、報道の確実敏速を期する事」が入った。朝日新聞社史によると、「それまでは『公平無私』という言葉が朝日の社是であったが、『公平無私』をさらにすすめて、その後の日本ジャーナリストの合言葉のようになった『不偏不党』を初めて掲げたのがこの綱領だった」。

朝日新聞は昭和27年に新しく「朝日新聞綱領」を制定したが、その中にも「不偏不党」の精神は受け継がれた。

白虹事件で大阪朝日新聞を退社した鳥居素川は、大阪で「大正日日新聞」を創刊。朝日新聞、毎日新聞に対抗する第三の新聞を目指したが、発行部数が伸びずに経営難に陥り、1年足らずで解散した。この時、伊豆氏も鳥居素川に同調して朝日新聞を退社、大阪日日新聞の東京支社駐在になったが、会社はつぶれて失職、強固な会社経営と従業員の生活保障が重要なことも身に染みて理解する。これも熊日綱領の下地になった。

1年半後、再び朝日新聞に入り、政治部記者を務めた。伊豆氏はその後、政界入りして国会議員になり、深水清氏の筆禍事件を契機に九州日日新聞社長に就任、新聞統合で熊日の社長になった。

少し長い経緯になったが、昭和17年の熊日創立を前にして発表した「不偏不党」の綱領は、その背景にこのような歴史の積み重ねがあったのは確かだ。池辺三山の教えと白虹事件を通して得た伊豆氏の「新聞人」としての原点であったろう。

伊豆富人氏
(『熊日二十五年史』より)

伊豆富人氏の揮毫による「不偏不党」の扁額を掲げた熊本日日新聞社阿蘇総局の事務所

◇

大正7年に開校後、昭和6年4月に県立移管した多良木実科高女は、球磨農業高校に併合された後、昭和26年4月に独立して県立多良木高校になった。以来、上球磨地区の高校として存在感を発揮してきたが、いかんせん熊本県の高校再編の中で廃校が決まり、平成31年4月、球磨農業高校から校名変更したあさぎり町の南稜高校と併合して閉校となった。校舎は今閉ざされている。多良木実科高女時代からすれば101年の歴史だった。再編計画が明るみになると、地元では反対運動が起きたが、実を結ばなかった。教育機関としてのスタートに際しては地元県会議員の拉致監禁や熊本県議会での乱闘事件などが起き、多

多良木実科高女があった現在の町民広場

難な船出だったことを考えると、歴史の荒波は非情である。地元の人々の無念さを思う。

県会議員・宮原武馬氏の拉致監禁事件を端緒に始めた取材を通して、昭和の初めはまだ〝大正ロマン〟の香りが残る時代で、人々の行動も大胆だったことがうかがえる。政治的にも文化的にも相応に発言が自由だった。だが、時代を経るごとに治安維持が強化され、軍部の力が台頭していく流れが濃くなった。そうした時代に、政党も行政も警察、新聞も否応なく時代の波に飲み込まれて行った。

残された記録が少なく、取材は手探り状態で続いたが、「歴史の森は深い、分け入って調べれば必ず新事実が出てくる」（直木賞作家・光岡明氏）との言葉通り、いくつかの点

閉校した県立多良木高校の跡地（令和4年3月撮影）

で新事実に遭遇した。

取材に際して、宮原氏のひ孫になる宮原貴志氏（多良木町）には貴重な資料を頂いた。また、同町で長く新聞販売店をしておられる小出忠紹《ただつぐ》さんに多大なお世話を受けた。お礼を申し上げたい。図書館が持つ「レファレンス機能」（資料探索、照会、分析）は問い合わせに役立った。人吉市図書館、菊池市立図書館、別府市立図書館、熊本市歴史文書資料室、とりわけ熊本県立図書館の方々には大変助けられた。図書館は資料の宝庫である。歴史を調べる上で、こうした機能はもっと知られていい。この他、取材に協力いただいた方の氏名は末尾に記載した。重ねて御礼を申し上げたい。

熊日出版の櫛野幸代さんにはお手数をかけた。ありがとうございました。　合掌。

主要参考文献、資料、引用

杣正夫『日本選挙制度史』九州大学出版会　平成4年
坂野潤治『近代日本政治史』岩波書店　平成18年
野中俊彦『選挙法の研究』信山社出版　平成13年
成瀬恭『明治年間法令全書・第四四巻―3』原書房　平成4年
熊本県議会事務局『熊本県議会史第三、四巻』昭和46、50年
熊本県知事寺本広作『熊本県史近代編第三』熊本県　昭和38年
熊本県警察史編さん委員会『熊本県警察史』熊本県警察本部　昭和57年
鹿北町町誌編纂委員会『鹿北町誌』鹿北町役場　昭和49年
多良木町史編纂会『多良木町史』多良木町　昭和55年
古川純郎『政争岳間事件』城北史談会・石人第四号　昭和35年
高田惠統『肥後政友会史』肥後政友会史刊行会　昭和12年
脇山真一『吾が一生』真一の自叙伝を強るの会同人（非売品）昭和24年
能田益貴『熊本県政攪乱史』熊本出版社　昭和34年

宮原敏雄『宮原家の家系』（私家版）昭和54年
小出政喜・進『思出草』（私家版）昭和27年、平成６年
徳富猪一郎『日本帝国の一転機』民友社　昭和４年
南良平『熊本の政争のはなし』（非売品）平成13年
池辺一郎、富永健一『池辺三山』中央公論社　平成６年
三好徹『近代ジャーナリスト列伝』中央公論社　昭和61年
伊豆富人『吾が交遊録』日本談義社　昭和27年
伊豆富人『新聞人生』熊本日日新聞社　昭和40年
「伊豆富人伝」刊行会『伊豆富人伝』熊本日日新聞社内「伊豆富人伝」刊行会事務局　平成元年
山梨日日新聞１５０年史編纂委員会『山梨を拓く・上』山梨文化会館　令和４年
朝日新聞百年史編修委員会『朝日新聞社史　大正・昭和戦前編』朝日新聞社　平成３年
熊本日日新聞社編集局『熊本昭和年表』熊本日日新聞社　昭和51年
熊本日日新聞社『新・熊本の歴史７』昭和56年
熊日社史編纂委員会『熊日50年史』熊本日日新聞社　平成４年
「熊日六十年史」編纂委員会『熊日六十年史・本編』熊本日日新聞社　平成14年

九州日日新聞（熊本日日新聞マイクロフィルム＝熊本県立図書館）
九州新聞（同）
熊本日日新聞

参考資料、資料・写真提供、取材協力（敬称略）

▽『熊商百年史』▽『第一高校百年史』▽『清香会百年史』▽『多良木高校五十年史』▽県立南稜高校『神殿百年』▽『山鹿市史下巻』▽『玉名市史通史編下巻』▽『熊本県弁護士会史』▽熊本県警察本部『管内実態調査書城南編』▽熊本県選挙管理委員会『選挙制度のあゆみ』▽内閣印刷局『大正年間法令全書・第一四巻―8』▽税田幸一『「地方自治政の沿革と其の人物」』▽熊本言論史研究会報『木鐸』▽球磨焼酎酒蔵組合『球磨焼酎』▽熊本放送▽中村洋（商船三井社史資料室）▽宇和島運輸▽熊本県議会事務局▽球磨村役場建設課▽塘岡裕子（玉名市立鍋小学校校長）▽梅山功（相良村）▽浦田勝（前参議院議員）▽伊藤洋典（熊本大学教授）▽小杉直（自民党熊本県支部顧問）▽菊川希美（熊本市）▽土井國子（同）▽堤克彦（菊池市）

著者略歴

荒牧　邦三（あらまき・くにぞう）

昭和22（1947）年、熊本県生まれ。昭和46（1971）年、熊本日日新聞社入社、社会部長、論説委員、常務取締役、熊日会館社長。

著書『白川 千人の石合戦ー大干ばつが招いた水争い』（熊本日日新聞社）『73歳　お坊さんになる』（探究社）『満州国の最期を背負った男　星子敏雄』（弦書房）『五高・東光会日本精神を死守した一八五人』（弦書房）『ルポ・くまもとの被差別部落』（熊本日日新聞社）

共著『ここにも差別が　ジャーナリストの見た部落問題』（解放出版社）『新九州人国記』（熊本日日新聞社）

県会議員拉致事件ー昭和 熊本の仰天政争ー

令和５（2023）年４月22日　発行

著者　荒牧邦三
発行　熊本日日新聞社
制作・発売　熊日出版
〒860-0827　熊本市中央区世安1-5-1
TEL096-361-3274　FAX096-361-3249
https://www.kumanichi-sv.co.jp/books/
印刷・製本　チューイン

ISBN978-4-87755-642-6 C0221

定価は表紙カバーに表示してあります。
落丁本・乱丁本はお取り替えします。